KB030727

도둑놈들

4

도둑놈들

2020 4·15 총선, 어떻게 훔쳤나?

4

공병호 지음

공병호연구소

프롤로그

'가장 화끈한 조작', 4·15 총선

"4·15 총선, 선관위 발표 후보별 득표수는 쓰레기 같다."

2020 총선, 분석 결과를 단 한 문장으로 압축하면 이렇게 표현할 수 있다. 쓰레기란 무엇을 뜻하는가? 가짜 득표수란 이야기다. 가짜 득표수란 무엇을 말하는가? 선관위가 당선자와 낙선자를 판별하는 기준이라고 발표한 선관위 발표 후보별 득표수가 모두 '만들어진 숫자', '제조한 숫자'라는 말이다.

누군가 의도를 갖고 숫자를 만들어서 마치 진짜인 것처럼 국민들에게 발표한 후보별 득표수이기 때문에 단순하게 '쓰레기 숫자'라고 말할 수 있다. 진짜를 버리고 가짜를 진짜처럼 둔갑시켰기 때문에 쓰레기란 표현이 결코 과하지 않다. 그냥 대국민 사기를 쳤다고 보면 된다.

선거관리를 담당하는 자들은 투표자들이 던진 득표수를 단순 합산해서 국민들에게 발표해야 한다. 그런데 4·15 총선의 선관위 발표 후보별 득표수는 단순 합산이 아니고 모두 특정 정치세력의 목표에 맞추어서 선거사무를 담당하는 자들이 후보별 득표수라는 숫자를 제조, 생산, 그리고 유통시켰다는 이야기다. 더불어민주당 후보의 득표수는 항상 자신이 실제로 받은 진짜 득표수보다 크게 부풀려진 상태다. 반면 미래통합당 후보의 득표수는 항상 실제로 받은 진짜 득표수보다 쪼그라든 상태다.

그래서 더도 말고 덜도 말고 그냥 '쓰레기 같다'라고 표현하는 것이다. 도대체 이런 쓰레기 같은 득표수를 만든 자들은 누구인가? 이것을 명확히 밝혀서 다음에는 이런 일이 일어나지 않도록 하자는 것이 이 책이 추구하는 목표다. 그럼에도 불구하고 이처럼 지극히 당연한 일을 은폐하려는 세력이 여야를 불문하고 활개를 치고 있는 것이 현재 한국 상황이다. 후보별 득표수 증감을 시도한 자들은 사전에 충분한 검증을 거친 전산 프로그램에다 선거구마다 훔쳐야 할 득표수를 염두에 두고 설정값, 이른바 조작값을 입력해서 사전투표 득표수와 총투표 득표수를 모두 제작한 것이다.

민주당 압승 비결

"선거구마다 1만 표 이상을 조작했는데, 어떻게 미래통합당 후보가 승리할 수 있는가?" 서울 49개 선거구에서 강남3구와 용산구를 제외한 41곳에서 민주당이 압승한 비법이다. 예를 들어 용산구에서 민주당 후보는 1만 6,340표를 조작했음에도 불구하고, 890표 차이로 권영세(통합당)가 행운의 주인공이 되었다.

대한민국의 공직선거가 지금 이 모양인데도 2024 총선 승리를 외치고 있는 사람들을 보면 한심하기 짝이 없다. "당신들이 무슨 수로 이길 수 있다고 생각하는가?"라고 묻고 싶다. 더 이상 선거 결과는 투표자들이 던진 득표수로 결정되지 않는다. 선거 결과는 표를 세는 자가 결정하는 세상이 되었다. 이미 반복적으로 일어나고 있는 사실을 정직하게 인정하고 합당한 조치를 취하지 않는 한 2024 총선도 표를 세는 자들의 처분에 따를 수밖에 없다. 그들이 윤석열의 얼굴을 좀 세워주기로 하면 '부드러운 조작'이 있을 것이고, 안면몰수하고 민주당에게 압승을 몰아주기로 한다면 2020년 4·15 총선처럼 '화끈한 조작'을 예상할 수 있다. 더 이상 권력은 국민들로부터 나오지 않는 세상에 살고 있다.

일정한 규칙에 따라 제조된 득표수

이런 과감한 조작을 어떻게 알 수 있는가? 선관위 스스로 세금으로 밥 먹고 사는 자들이다. 그들의 주요 임무라는 것이 당선자와 낙선자를 가르는 후보별 진짜 득표수를 발표하는 것이다.

재야 전문가와 내가 한 일은 딴 것은 없다. 그냥 선관위 발표 후보별 득표수를 분석하여, 선관위 발표 후보별 득표수가 일정한 규칙에 따라 만들어진 것을 찾아냈을 뿐이다. 선관위 발표 후보별 득표수에 어떤 것을 더한 것도 없고, 뺀 것도 없다. 그냥 그들이 뻔뻔하게 혹은 대담하게 혹은 멍청하게 발표해버린 선관위 발표 후보별 득표수에 존재하는 사전투표 조작의 강력한 증거물을 찾아낸 것이다.

이 책이 증언하는 바는 선관위 발표 후보별 득표수가 스스로 말하는 것이다. 어떤 분식이나 과장을 더하는 것이 없이 숫자가 말하는 바를 진솔하게 독자들에게 전하는 것이다.

이 책은 4·15 총선에서 무슨 일이 일어났는가를 파헤친 책이다. 선거사기범들과 전산조작범들이 역대 공직선거마다 특별하게 조작하는 서울특별시를 대상으로 한 분석 결과이다. 체계적이고 조직적인 사전투표 조작이 없었다면, 서울의 4·15 총선 결과가 민주당 41석 대 통합당 8석이라는 일방적인 스코어가 나오지 않았을 것이다.

이 책은 통합당이 용산구와 강남3구에서 이룬 8개 의석 외에 나머지 8개 선거구에서 승리하였을 가능성을 정밀하게 제시하고 있다. 4·15 총선 서울 전역에서 일어난 일은 전국에서 일어난 일을 말해주는 하나의 사례에 불과하다. 성한 곳이 하나도 없다고 말해도 과언이 아닐 정도로 공직선거는 심하게 오염된 상태다.

6·25 전쟁에 필적할 내부의 적들에 의한 침략

1945년 해방이 되고 어렵게 남한 단독정부 수립에 따라 1948년 제헌의회가 출범하였다. 우리 몸에 도무지 잘 맞지 않을 것처럼 보였던 자유민주주의를 운 좋게 채택할 수 있었다. 그때부터 지금까지 이 같은 체제를 허물기 위한 외부의 적들과 내부의 적들의 공세가 계속되어왔다.

1950년 6·25 전쟁의 발발은 외부의 적에 의해 헌정질서를 무너뜨리는 시도였다. 천신만고 끝에 우리는 나라를 지켜내는 데 성공하였다. 그런데 이번에는 내부의 적들에 의해 헌정질서를 무너뜨리는 시도가 일어났다. 한 번도 아니고 반복적으로 일어나게 되었다. 현재의 상태라면 앞으로도 이런 침략 행위가 계속될 전망이다.

한국의 근현대사를 통틀어서 내부의 적에 의해 헌정질서를 무너뜨리는 시도는 공직선거에 대한 체계적인 부정선거만 한 것은 없었다. 4·15 총선에 대한 선거 사기질은 내부의 적에 의해 체제를 전복시키려는 차원으로 이해하는 사람들이 많지 않은 것이 사실이다. 나는 그렇게 생각하지 않는다. 외부의 적들에 의한 국가 침략 시도나 내부의 적들에 의한 헌정질서 탈취 시도나 동일한 것으로 해석한다.

공동체 차원에서 조직적인 부정선거를 자행하는 것만 한 범죄는 없다. 그것도 한 번이 아니고 2017년 대선부터 모든 공직선거에서 사전투표 조작을 실행에 옮겨 대통령, 시도지사, 시군구청장, 교육감 등 모든 권력을 도둑질하는 시도가 계속되고 있다. 사실상 1950년 6·25 전쟁과 같은 외부의 적에 의한 국가 침탈 행위가 일어난 것으로 해석할 수 있다. 부정선거가 다른 점이 있다면 적과 아군이 명확하지 않은 내부의 적들로부터 국가가 침략을 받은 것이다.

이런 어마어마한 대사건 앞에서 상대방의 치명적인 실수로 인해 운 좋게 권력을 쥔 사람들은 하나같이 "권력 좋아, 딩호아! 권력 맛 좋아 딩호아!"에 빠져 있는 것 같다. 직설적으로 표현하면 다들 권력의 꿀단지에 머리를 들이밀고 권력의 단맛을 핥아먹는 데 여념이 없다. 나라가 어떤 운명에 처하게 될지, 백성들이 앞으로 죽을 고생을 할지는 아무런 걱정이 없다.

지금과 같은 선거제도와 선거 관행이 반복되는 한 지금 권력의 단맛에 빠진 사람들 가운데 일부는 감방에 들어갈 것으로 본다. 선거를 훔치고 권력을 훔쳐온 자들의 적의와 적대감을 없앨 수 있는 방법은 엄정한 법집행 외에 다른 방법이 없다고 생각한다.

내부의 적들에 의한 헌정질서 붕괴 시도

악은 절대로 평범하지 않다. 그냥 평범하다고 생각하고 믿고 싶어 하는 사람들이 있을 뿐이다. 권력을 쥔 자들은 6·25 전쟁에 필적할 만한 내사선을 일으켰고 앞으로 계속할 것으로 보이는데, 이를 수사하고 이를 단죄할 어떤 의도도 보이지 않는다. 그들의 안일함이 그들은 물론이고 온 백성들에게 말과 글로 담을 수 없는 비용을 부담시킬 것으로 본다. 측량할 수 없는 비용을 부담할 즈음이 되면 모든 것은 다 끝난 상태일 것이다.

이렇게 4·15 총선에서 일어난 일을 낱낱이 밝힘에도 불구하고 침묵하고, 무관심하고, 은폐하는 사람들은 결코 그냥 넘어갈 수는 없을 것이다. 그 동네 사람들은 언제든지 버튼을 누르는 것만으로, 조작값을 전산 프로그램에 입력하는 것만으로 모든 공직선거를 훔칠 수 있는 경험과 능력과 수단과 방법을 갖고 있다. 내 눈에는 너무 뻔하게 보이는데 그들 눈에는 전혀 보이지 않는 모양이다.

세상에 건너뛰는 법은 없게 마련이다. 천금 같은 기회를 놓친 사람들은 그가 지도층이건 생활인이건 간에 엄혹한 고생길을 피할 수 없을 것이다. 이런 엄청난 범죄를 파묻고도 아무 일도 없을 것으로 생각하는 사람들의 안일함과 게으름과 부정직함을 나는 질타하지 않을 수 없다.

나라가 크게 어려워질 수 있는 이 엄청난 일을 이처럼 가볍게 여기는 이 나라를 보면 앞이 도무지 보이지 않는다. 내가 아는 대한민(民)국은 더 이상 없다. 오로지 대한조작(操作)국이 있을 뿐이다. 이런 위중함을 자각하는 더 많은 시민들이 나오길 바란다. 이 문제를 해결함이 없이 우리가 아는 대한민국은 더 이상 없을 것이라고 확신하고 행동하는 시민들이 더 많이 나오길 바란다.

공병호

목차

제6장 어떻게 조작했나

1. 부여군에서 일어난 일

2. 부여군 선거 결과 분석

제1장

4·15 총선, 어떻게 주물렀나

2020 총선은 공직선거 부정에 관한 한 불법과 비리 백화점과 같은 선거였다. 저지르는 사람들이 디지털 조작과 아날로그 조작을 어떻게 동원할 수 있는지, 재검표용 투표지들이 어떻게 바뀐 상태에서 법원에 제출될 수 있는지, 대법관들이 어떻게 뭉갤 수 있는지, 정치인과 언론인들이 어떻게 침묵할 수 있는지 대한조작국의 면모를 유감없이 발휘한 공직선거였다.

1
사전투표 조작 메커니즘

4·15 총선은 조작규모 면에서 여타 공직선거를 압도한 선거였다. 선거사기범들은 2017 대선에서 시범 운전한 전산조작에 의한 후보별 사전투표 득표수 이동 작전으로 상당한 자신감을 주었다. 이후 2018 지방선거에서 남북한 평화 무드 조성과 싱가포르 북미정상회담이라는 이벤트와 여론조작이란 여세를 몰아서 상당한 규모의 조작에 성공한다. 이에 고무된 사람들이 벌인 화끈한 조작 작전이 바로 2020 총선이었다.

단순한 방법, 사용하다

《도둑놈들》 시리즈 전작에서 전산조작을 이용해서 후보별 득표수를 어떻게 증가시키고, 어떻게 감소시키는지는 충분히 살펴본 바가 있다. 그럼에도 불구하고 선거사기범들과 전산조작범들의 사기수법의 틀과 방법을 이해하는 것은 짧은 시간 안에 부정선거 전모를 파악하는 데 큰 도움을 준다.

모든 부정선거는 동서고금을 막론하고 총득표수를 조작하는 데 초점을 맞춘다. 총득표수가 당선과 낙선을 결정하는 기준이기 때문이다. 2020 총선도 마찬가지다. 총득표수 조작을 위해 동원된 방법은 주력부대인 전산조작, 즉 디지털 조작이다. 보조부대는 위조투표지를 직접 투표함에 투입하는 아날로그 조작이다.

총득표수 조작에서 핵심 요소는 사전투표를 조작하는 것이다. 거소선상투표, 관외사전투표(우편투표), 재외국민투표 그리고 투표소 단위(혹은 동 단위)의 관내사전투표에서 후보별 사전투표 득표수 증감 작업이 행해졌다.

2020 총선에서는 다른 공직선거들과 마찬가지로 디지털 조작과 아날로그 조작이 병행되었다. 특히 전산조작이 단연코 압도적인 역할을 수행하였다. 전산조작의 핵심은 후보 사이에 득표수를 전산적으로 이동시킴으로써 특정 후보의 득표수를 증가시키고, 다른 후보가 받은 득표수는 같은 수만큼을 감소시키는 것이다. 후보별 득표수 증감 작업을 전산 프로그램과 조작값을 이용해서 감쪽같이 추진하는 것이다. 투표자수만 늘리지 않으면, 각 후보가 받은 득표수를 이동시켰기 때문에 겉으로 표시가 나지 않는 완전범죄가 이루어질 수

있다고 그들은 생각했을 것이다.

이를 간단한 수식으로 표현하면 이해가 쉽다. 선관위가 당선자와 낙선자를 결정하기 위해 공식적으로 발표해야 하는 숫자는 A, B여야 한다. 국민들도 마땅히 그럴 것으로 기대하는 것은 A, B이다.

Y = A + B
Y = 총득표수
A = 더불어민주당 후보가 받은 (진짜) 득표수
B = 국민의힘 후보가 받은 (진짜) 득표수

그런데 선관위 발표 후보별 득표수가 A, B가 아니라는 것이 문제다. 선관위가 A, B를 발표한 것이 아니라 자신들이 임의로 만든 새로운 숫자, 즉 새로운 득표수를 만들어서 대외적으로 발표한 것이 밝혀지게 되었다. 선관위가 발표한 것은 새롭게 제조된 후보별 득표수인 A′, B′이다. 이것이 2020 총선의 공정성 시비의 핵심이며, 2022 대선과 지방선거 등의 부정선거 시비의 핵심이다. 여기서 알파는 조작값을 말한다.

Y = A′ + B′
A′ = A + (B x 알파)
= 더불어민주당 후보가 받은 (가짜) 득표수
B′ = B − (B x 알파)
= 국민의힘 후보가 받은 (가짜) 득표수

선관위가 투표자들이 던진 진짜 득표수(A, B)를 발표한 것이 아니다. 선관위가 '만들어진 숫자', 즉 가짜 득표수(A′, B′)를 발표한 것이다. 선거사기범들이나 전산조작범들은 선거 공정성을 추적하는 사람들이 진짜 득표수와 가짜 득표수를 찾아내서 선거사기를 입증할 수 있을 것으로는 꿈에도 생각지 못했을 것이다.

선거 데이터가 보여준 사실과 진실

좀 더 확실하게 이해하기 위해 한 가지 예를 들어보자. 2020 총선에서 심한 조작이 이루어진 곳 가운데 하나가 서울 종로구다. 이낙연(민주당)과 황교안(미래통합당)이 맞붙었던 곳이다. 황교안이 얻었던 사전투표 득표수 가운데 무려 45%를 전산적으로 빼앗아서 이낙연에게 넘겨준 선거였다. 그러니까 황교안이 받은 사전투표 득표수 100장 가운데 45장을 이낙연이 가지는 전산조작에 의한 사전투표 득표수 증감 작전이 시행된 곳이 종로구였다.

이를 쉽게 풀어써 보자. 4·15 총선에서 이낙연이 받은 진짜 득표수가 100표, 황교안이 받은 진짜 득표수가 100표라고 가정해보자. 선관위 발표 후보별 득표수는 당연히 A(100표), B(100표)로 발표해야 한다. 그런데 선관위 발표 후보별 득표수를 정밀 분석해보면 뜻밖의 사실을 발견하게 된다. 여기서 매우 중요한 것은 선관위 발표 후보별 득표수에서 놀라운 사실을 찾아낸 점이다.

선관위 발표 후보별 득표수가 '만들어진 숫자'라는 사실이다. 황교안이 받은 사전투표 득표수 가운데 45%를 빼앗아서 이낙연에게 더해주는 작업이 투표소 단위에서 모두 실시되었음을 발견하게 된다. 이를 모두 합산해보면 선관위 발표 후보별 득표수는 이낙연 선관위 발표 가짜 득표수 A′(145표)인 데 반해 황교안 선관위 발표 가짜 득표수 B′(55표)란 점이다. 2020 총선의 부정선거 시비를 간단하게 이렇게 압축할 수 있다.

이낙연: A(100표) → A′(145표)
황교안: B(100표) → B′(55표)

황교안에게서 45표를 빼앗아서 전산적으로 이낙연에게 더해준 일이 일어났다. 이런 황당하고 악한 짓이 일어난 것이다. 선관위가 각각 100표, 100표를 받았다고 발표해야 하는데 145표, 55표를 받았다고 발표해버린 것이다. 그리고 이를 토대로 당선자와 낙선자를 결정한 것이다. 말과 글로 담을 수 없을 만큼 초대형 사건이다. 선거사무를 담당하는 사람들은 어떤 숫자를 발표하건 간에 국민들이 알아차리지 못할 것으로 믿었을 것이다. 사실 선관위가 발표하는 후보별 득표수는 어마어마한 크기의 숫자 뭉치다. 이런 숫자 덩어리에서 도대체 누가 무엇을 찾아낼 수 있겠는가? 그래서 그들은 마음껏 숫자 조작 놀이를 2017 대선부터 신나게 해왔고, 그 절정이 2020 총선이었다.

사기꾼들의 짓거리, 10가지

선거사무를 담당한 자들이 전혀 예상치 못한 일이 일어났다. 그것은 누구도 엄두를 낼 수 없는 일이었지만, 선관위 발표 후보별 득표수를 분석한 결과 다음과 같은 체계적이고 조직적이고 사악한 작업을 찾아낼 수 있었다. 단순히 실물로 된 위조투표지 얼마 정도를 투입하는 정도가 아니라 분명한 의도를 갖고 조직적이고 체계적으로 후보별 득표수를 조작한 것이 4·15 총선 부정선거의 핵심을 차지한다. 그동안의 분석 및 연구 결과를 정리하면 다음과 같이 10가지 핵심 포인트로 정리할 수 있다.

첫째, 선관위 발표 후보별 득표수는 모두 '만들어진 숫자(man-made numbers)'이다. 투표자들이 던진 자연수(random numbers)가 아니라 선거 데이터에 접근할 수 있는 자들이 명백한 목표와 의도를 갖고 어떤 규칙 혹은 사전에 만들어놓은 전산 프로그램에 따라 제조 및 생산한 숫자이다.

둘째, 전남, 전북, 광주광역시 선거구 가운데서 절반 정도만 예외가 있을 뿐 2020 총선의 전국 모든 선거구에 대한 선관위 발표 후보별 득표수는 '만들어진 숫자'이다. 이는 전남, 전북, 광주 일부 지역에서만 전산조작에 의한 후보별 득표수 증감 작업이 실행되지 않았음을 뜻한다.

셋째, 선관위 발표 후보별 득표수가 '만들어진 숫자'라는 사실은 선관위 발표 선거 데이터를 분석한 결과로 찾아낸 사실이다. 단순한 주장이 아니라 선관위가 발표한 선거 데이터가 '일정한 규칙', '일정한 패턴', '일정한 수학적 관계'를 사용해서 만들어진 사실임을 확인할 수 있었다.

넷째, 일정한 규칙은 국민의힘 후보를 비롯한 여타 후보가 얻은 사전투표 득표수 가운데 일정한 퍼센트만큼의 득표수를 빼앗아서 민주당 후보에게 더해주는 간단한 사칙연산(전산) 프로그램이 사용되었다. 얼마를 빼앗을 것인가는 선거구별, 후보별 특성에 맞추어서 선거사기범들과 전산조작범들이 협의해서 결정한 것으로 보인다. 사전에 짜놓은 전산 프로그램에 변수에 해당하는 조작값을 입력해서 후보별 득표수를 만들어냈다. 선거구마다 조작값을 얼마로 결정할 것인가는 전적으로 선거사기범들의 목표와 의도에 따라 결정되었다.

다섯째, 후보 간 사전투표 득표수 증감 행위는 후보별 득표수에 고스란히 그 흔적을 남겼기 때문에 다양한 방법으로 입증할 수 있다. 선관위 발표 후보별 득표수가 증발되거나 땅속 깊이 파묻혀버리지 않는 한 선거범죄를 지울 수는 없을 것이다. 전산장비 일체를 포렌식하지 않더라도 선관위 발표 후보별 득표수 자료만큼 확실한 부정선거 증거물은 없을 것이다. 범죄 행각의 전모가 마치 비디오에 촬영되듯이 남아 있는 것이 선관위 발표 후보별 가짜 득표수이다.

여섯째, 선관위 발표 후보별 가짜 득표수에서 찾아낸 조작값을 이용해서 후보별 진짜 득표수 추정치를 찾아낼 수 있다. 후보별 진짜 득표수 추정치는 선관위 발표 후보별 가짜 득표수에 포함된 인위적인 득표수 조작을 제거한 상태, 즉 사전투표 조작이 없는 상태의 후보별 득표수이다. 예외 없이 후보별 가짜 득표수에서 민주당 후보는 공짜로 먹어치운 득표수를 토해내야 하고, 국민의힘 후보는 어김없이 억울하게 빼앗긴 득표수를 더해줘야 한다.

일곱째, 후보별 진짜 득표수 추정치로부터 조작값을 활용하면 선관위 발표 후보별 득표수를 복원 혹은 재현할 수 있다. 자연수는 어떤 경우에서든 복원될 수 없다. 그야말로 무작위수이기 때문이다. 선관위 발표 후보별 득표수를 복원 내지 복구할 수 있음은 곧바로 선관위 발표 후보별 득표수가 자연수가 아니라 일정한 규칙에 따라 '만들어진 숫자'임을 뜻한다. 이것은 곧바로 선관위 발표 후보별 득표수가 '만들어낸 숫자'임을 뜻한다.

여덟째, 조작규모는 특정 후보에게서 빼앗는 득표수의 2배이다. 전산조작은 낙선시키고자 하는 후보에게서 빼앗은 득표수만큼을 당선시키고자 하는 후보에게 더해주는 것이다. 따라서 차이값(사전-당일) 그래프는 낙선시키고자 하는 후보의 마이너스 값과 당선시키려는 후보의 플러스 값의 크기가 같거나 일치한다. 전산조작을 단행한 선거구의 선거 데이터가 희한하게 좌우대칭 구조를 갖는 이유이다. "빼앗은 것만큼 쑤셔 넣어준다"는 원칙이 선거에서의 전산조작 원칙이다.

아홉째, 전국 차원의 대선과 달리 총선에서는 경합 지역에서 몇백 표 혹은 몇천 표를 조작하는 것만으로 얼마든지 승부를 바꿀 수 있다. 2020 총선에서 서울에서 민주당은 총득표수 기준으로 2% 미만으로 이겼다. 그러나 서울에서는 의석수만으로 보면 압승하였다. 이유는 약간의 사전투표 조작만으로도 얼마든지 승부를 뒤집을 수 있기 때문이다. 서울의 경우 대부분 선거구마다 1만 표 이상을 조작하였다.

열 번째, 2020 총선은 물론이고 더 이상 한국의 공직선거는 투표자들이 선출직 공직자를 선택하고 있지 않다. 전산조작과 실물 위조투표지 투입이 어우러져 당선자와 낙선자를 결정한다. 선거사기범들과 전산조작범들이 선거 결과를 결정한다. 그들이 여론조작이나 선거 승리 시나리오에 맞추어 얼마를 훔칠 것인가, 즉 조작값을 결정하기 나름이다. '엿장수 마음대로' 선거는 '조작범 마음대로' 선거가 되어버렸다. 참정권 박탈에도 불구하고 국민들 다수나 지도층들은 죽은 듯이 조용하다. 기이한 나라가 되었다. 어떻게 이러고도 온전할 수 있을까?

2

가장 화끈한 조작

2017 대선에서 재미를 봤다. 2018년에는 과감한 조작에도 불구하고 국민들을 속일 수 있었다. 적당히 여론 마사지를 해서 자신들이 승리해야 할 명분만 확보하면 얼마든지 선거를 훔칠 수 있다는 생각을 하였을 것이다. 4·15 총선은 그야말로 더 이상 할 수 없을 정도로 화끈하게 조작했다. 이렇게 당선된 자들 대부분이 지금 여의도에서 한껏 폼을 잡고 다닌다. 나랏일 하는 자들 가운데 누구도 이 문제를 밝힐 의지가 없다. 더 이상 나라가 나라가 아니다.

선거 데이터의 엄숙한 증언

선관위 발표 후보별 득표수 자료만큼 위력적인 증거물은 없다. 투표자들이 던진 득표수를 단순히 합산하였다면, 선관위 자료는 자연수의 특성을 그대로 담고 있다. 선거 데이터 스스로 "우리는 투표자들이 던진 자연수입니다"라고 말한다. 그러나 민주당 후보를 당선시키기 위해 국민의힘 후보(미래통합당 후보)의 표를 빼앗게 되면, 선관위 발표 후보별 득표수에는 인위적인 숫자의 특성이 고스란히 담기게 된다. 그런 선거 데이터는 스스로 "우리는 조작된 숫자입니다"라고 말한다.

차이값(사전투표 득표율-당일투표 득표율)은 부정선거 여부를 간략하게 판정하는 훌륭한 도구이다. 통계학의 기둥에 해당하는 '대수의 법칙(The Law of Large Numbers)'은 이렇게 명령한다. "표본의 수가 크면 클수록 모집단과 표본집단들의 통계적 특성은 같거나 비슷해야 한다."

따라서 우리는 대수의 법칙을 이렇게 해석할 수 있다. "선거처럼 표본의 수가 큰 경우에는 후보별 사전투표 득표율과 당일투표 득표율은 같거나 비슷해야 한다. 그런데 차이값(사전-당일투표 득표율)의 플러스 값과 마이너스 값이 지나치게 큰 경우라면 사전투표 조작을 강하게 의심해야 한다. 플러스 값이 큰 경우라면 누군가 사전투표 득표수를 쑤셔 넣었을 것이고, 마이너스 값이 큰 경우라면 누군가 사전투표 득표수를 왕창 빼앗았을 것이다. 그렇지 않고선 차이값(사전-당일투표 득표율)이 오차범위(0~3%)를 크게 벗어날 수 없다."

〈1-1〉은 한 시민이 손수 계산해서 보내준 2020 총선을 포함한 역

〈1-1〉 2020 총선, 역대 선거 상호 비교

선거구명	2016_20대 총선		2017_19대 대통령선거		2018_시도의회의원 선거		2020_4.15 총선		3회 평균 (대선,지선,총선)	비 고
	새누리당	더불어민주당	더불어민주당	자유한국당	더불어민주당	자유한국당	더불어민주당	미래통합당		
서울특별시	0.0%	0.0%	7.0%	-4.3%	8.2%	-6.6%	12.6%	-11.5%	9.3%	
부산광역시	0.4%	-0.2%	9.2%	-7.2%	8.9%	-8.1%	10.6%	-9.8%	9.6%	
대구광역시	0.0%	0.0%	7.4%	-7.7%	5.4%	-5.4%	8.4%	-7.0%	7.0%	
인천광역시	1.0%	-0.8%	6.5%	-3.4%	4.1%	-3.5%	9.8%	-8.5%	6.8%	
광주광역시	0.6%	-0.4%	1.9%	-0.3%	-1.2%	0.8%	2.7%	-1.4%	1.2%	
대전광역시	0.0%	0.0%	8.4%	-5.2%	6.6%	-6.1%	10.5%	-9.8%	8.5%	
울산광역시	0.1%	-0.1%	9.0%	-7.2%	4.7%	-6.5%	10.9%	-11.1%	8.2%	
세종특별자치시	-0.1%	0.1%	8.4%	-5.3%	6.4%	-4.9%	11.9%	-10.4%	8.9%	
경기도	0.0%	0.0%	6.7%	-3.9%	6.3%	-5.7%	11.0%	-10.1%	8.0%	
강원도	1.1%	0.0%	10.5%	-9.7%	6.8%	-6.4%	11.7%	-10.8%	9.7%	조작율 1등 ?
충청북도	-0.2%	0.0%	7.6%	-5.3%	3.5%	-3.6%	10.0%	-9.0%	7.1%	
충청남도	0.0%	0.0%	8.9%	-6.4%	3.4%	-3.4%	9.3%	-8.7%	7.2%	
전라북도	0.1%	-0.2%	2.9%	-0.7%	-0.6%	0.2%	3.0%	-1.4%	1.8%	
전라남도	0.1%	0.1%	3.1%	-0.5%	-1.0%	0.8%	4.4%	-2.0%	2.2%	
경상북도	-0.2%	0.1%	6.1%	-7.0%	0.2%	-0.3%	8.3%	-7.7%	4.9%	
경상남도	0.3%	-0.3%	7.7%	-6.8%	3.9%	-4.8%	6.2%	-6.1%	5.9%	
제주특별자치도	0.3%	-0.4%	9.5%	-6.2%	2.4%	-2.7%	9.8%	-9.2%	7.2%	
평균(광주,전남,전북제외)	0.2%	-0.1%	8.1%	-6.1%	5.1%	-4.9%	10.1%	-9.3%	7.7%	<— x 2배 조작
대수의 법칙	극히 정상 공정 선거 (모범 답안지)		위배 (부정선거)		위배 (부정선거)		위배 (부정선거)			

대 선거의 차이값(사전-당일투표 득표율) 전국 평균값이다. 선거에 관한 한 특수성을 지닌 전남, 전북, 광주를 제외한 전국 평균치는 다음과 같다.

2016 총선: 새누리당 차이값(+0.2%), 더불어민주당(–0.1%)
2017 대선: 더불어민주당 차이값(+6.1%), 자유한국당(–6.1%)
2018 시도의회의원 선거: 더불어민주당 차이값(+5.1%), 자유한국당(–4.9%)
2020 총선: 더불어민주당 차이값(+10.1%), 미래통합당(–9.3%)

이를 다음과 같이 해석할 수 있을 것이다. 통계학 대수의 법칙을 위배하지 않는 유일한 선거는 2016년 20대 총선밖에 없다. 차이값의 크기가 +0.2%, -0.1%로 오차범위(0~3%) 내에 속한다. 투표자들이 던진 득표수를 단순히 합산하여 발표한 선거 데이터임을 알 수 있다.

그 밖에 모든 선거는 사전투표 득표수 증감과 같은 전산조작과 실물 위조투표지 투입과 같은 일이 일어났음을 강하게 의심하지 않을 수 없다. 선거처럼 표본의 수가 큰 경우에 차이값의 크기가 이렇게 클 수가 없다. 사전투표와 당일투표가 실시된 며칠 사이를 두고 특정 후보에 대한 지지율이 이처럼 큰 차이는 사전투표 조작 없이는 일어날 수 없다.

이 가운데서도 2020년 4·15 총선의 결과는 인상적이다. 전남, 전북, 광주를 제외한 전국 평균값이 민주당 +10.1%, 미래통합당 -9.3%이다. 도저히 일어날 수 없는 일이다. 외부 세력에 의해 사전투표 득표수를 인위적으로 증가시키고 감소시키는 경우에만 일어날 수 있는 일이다. 20대 총선의 차이값만 미루어보면, 미래통합당 후보에게서 -9.3%만큼의 득표수를 빼앗아 더불어민주당 후보에게 +10.1%만큼의 득표수를 더해준 선거라고 해석할 수 있다. 사전투표 투표자수의 약 20% 내외의 득표수 증감 작업이 있었던 선거로 해석할 수 있다.

선거사무를 담당하는 자들은 전산장비 일체를 포함해서 선거사기와 관련된 모든 증거물을 인멸할 수 있다. 그러나 없앴을 수 없는 것이 바로 자신들이 만들어서 발표하는 선거 데이터이다. 〈1-1〉의 차이값을 작성하는 데 사용된 원래 재료는 선관위 발표 후보별 사전투표 득표수와 당일투표 득표수이다. 차이값에서 이례적인 현상이 발견된 것은 원재료인 후보별 득표수가 온전하지 못하다는 것을 뜻한다. 투표자들이 던진 득표수가 아니라 선거사기범들과 전산조작범들이 제조, 생산, 유통한 조작된 득표수임을 뜻한다.

두 개 봉우리가 만들어진 선거

선거 공정성 문제에 대해 특별한 지식이 없는 분들이 직관적으로 2020 총선에서 일어난 일을 이해하는 방법이 있다. 그것은 차이값(사전-당일투표 득표율)의 전국 평균값을 살펴보는 일이다.

〈1-2〉는 4·15 총선 차이값(관외사전-당일) 평균값이다. 민주당 +13.4%와 통합당 -13.2%이다. 이 숫자는 무엇을 뜻하는가? 전국 17개 광역시도의 차이값들의 평균치다. 그러면 광역시도별 차이값은 어떻게 구해지는가? 투표소 단위가 합쳐져 읍·면·동이 되고, 그 다음으로 선거구가 되고, 그다음으로 18개 광역시도의 차이값이 나오게 된다. 결국 +13.4%, -13.2%는 투표소 단위의 관외사전투표(우편투표)와 당일투표 득표수 차이의 평균값을 뜻한다.

차이값은 선관위 발표 후보별 득표수가 갖고 있는 치명적인 문제

〈1-2〉 2020 총선(전국), 차이값1(관외사전-당일) 평균값

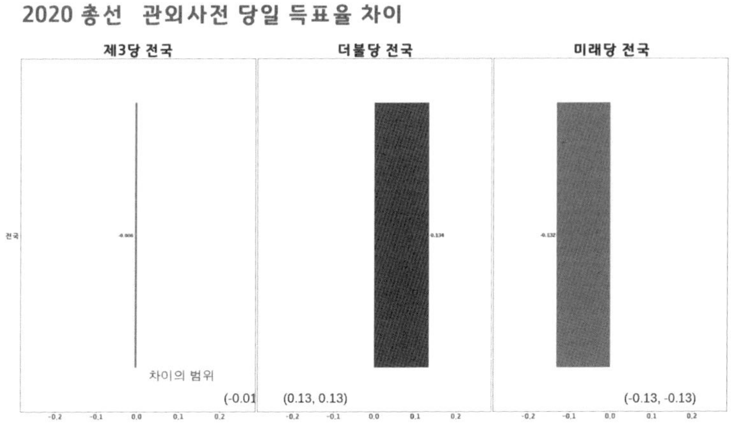

점을 보여주는 아주 중요한 자료이다. 정상적인 투표가 이루어졌다면, 전국 차이값(관외사전-당일)의 분포도는 0값을 중심으로 점점이 분포되는 종 모양의 분포, 즉 정규분포도를 가져야 한다. 0값을 중심으로 봉우리가 하나밖에 없는 일봉(一峯) 구조를 가져야 한다.

그러나 4·15 총선의 전국 차이값(관외사전-당일투표 득표율)은 쌍봉(雙峯) 구조를 갖고 있다. 그러니까 +13.4%를 중심으로 하는 종 모양의 분포와 -13.2%를 중심으로 하는 종 모양의 분포 2개가 생성되었나. 누군가가 선거 결과를 만졌다는 것을 뜻한다. 민주당 후보의 평균값을 +13.4%로 옮기고, 통합당 후보의 평균값을 -13.2%로 옮겼다는 것을 말한다. 옮기는 대상은 차이값의 앞부분을 구성하는 관외사전투표 득표수(득표율)이다.

선거처럼 표본의 수가 무진장 큰 경우에 쌍봉 구조가 출현한다는 것 자체는 곧바로 사전투표 득표수 증가와 감소 작업이 있었음을 뜻한다. 선관위 발표 후보별 득표수 자체가 "선관위 발표 후보별 관외사전투표 득표수는 조작되었습니다!"라고 외치는 셈이다. 조작이 되었다는 이야기는 누군가 혹은 어떤 불순한 세력이 의도와 목표를 갖고 관외사전투표 득표수를 만들었다는 것을 뜻한다. 범죄자가 있었기 때문에 이 같은 선거 데이터가 제조, 생산, 유통되었음을 뜻한다.

마찬가지로 〈1-3〉 차이값(관내사전-당일)은 2022 총선의 관내사전투표에서 어떤 일이 일어났는가를 생생하게 보여주고 있다. 정상적인 투표였다면 0값을 중심으로 전국의 차이값이 점점이 분포되는 종 모양의 분포, 즉 정규분포도를 보여야 한다.

그러나 지금은 어떤가? +9.9%와 -10.5%를 중심으로 하는 두 개

〈1-3〉 2020 총선(전국), 차이값2(관내사전-당일) 평균값

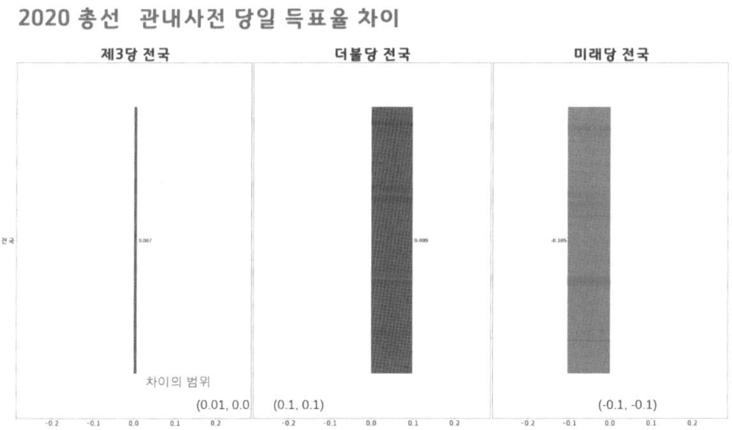

의 봉우리를 가진 종 모양의 분포를 확인할 수 있다. 정상적인 투표에서는 어떤 경우에서도 일어날 수 없는 일이다. 누군가가 명확한 목표와 의도를 갖고 민주당 후보는 +9.9%를 중심으로 하는 분포도를 만들었고, 통합당 후보는 -10.5%를 중심으로 하는 분포도를 만들었다는 이야기다. 한마디로 관내사전투표 득표수를 인위적으로 조작하지 않고는 이 같은 차이값의 평균치가 등장할 수 없다.

선거에서 전산조작의 기본은 투표소 단위에서 이루어지는 득표수 조작이다. 2020년 총선에서는 3,484개 읍·면·동과 1만 4,330개의 투표소가 있었다. 서울의 경우 424개 동과 2,252개 투표소가 있었다. 아주 큰 숫자이다. 이들의 차이값(사전-당일투표 득표율)의 분포는 당연히 일봉 구조를 가져야 한다. 관외사전, 관내사전의 차이값이 쌍봉 구조를 가진다는 것 자체만으로도 선관위 발표 후보별 득표수에서 인위적인 득표수 증감 작업이 있었음을 알 수 있다.

만들어진 숫자의 비밀

선관위 발표 후보별 득표수가 '만들어진 숫자'임을 밝혀낸 것이 《도둑놈들》 시리즈의 기여 가운데 하나이다. 이는 거대한 쓰레기산에서 잃어버린 보석을 찾는 일과 같다. 하지만 방법은 간단 명료하다.

선관위 발표 후보별 득표수로부터 얻은 후보별 차이값(사전-당일 투표 득표율) 그래프는 정상이 아니었다. 선거 데이터를 분석하는 사람들은 전산조작범들의 불법행위를 의심하고 두 가지를 떠올리게 된다. 첫째, 조작범들은 투표자수가 변하지 않는 선에서 통합당 후보의 표를 빼앗아서 민주당 후보에게 넘겨주는 간단한 규칙을 사용했을 것이다. 둘째, 빼앗는 득표수는 선거구마다 계획과 필요에 따라 결정했을 것이다. 이런 가정 하에 선거 데이터를 분석하면 선거구에 특화된 조작값을 찾아낼 수 있다.

이처럼 특정 선거구의 조작값을 찾아낸 바로 그 순간에 후보별 차이값은 오차범위 내의 작은 숫자가 된다. 이것은 선관위 발표 후보별 득표수가 '만들어진 숫자'임을 뜻한다. 간단한 규칙과 조작값을 사용한 것을 말한다. 또한 이는 선관위 발표 후보별 득표수에 숨겨져 있는 일명 '사전투표 조작공장'을 찾아낸 것을 뜻하기도 한다.

제2장

서울특별시와 4·15 총선

‘2,252:0’ 서울 전역의 투표소에서 민주당은 사전투표에서 승리하였다. 이것이 의미하는 것은 서울 전역의 모든 투표소에서 전산조작을 이용해서 득표수 증감 작업이 일어났음을 뜻한다. 이것은 서울만의 일이 아니다. 4·1 총선에서 전국에서 같은 일이 일어났다. 사전투표 조작에 의한 득표수 조작이 4·15 총선의 본질이자 핵심이다.

1
서울 전역

4·15 총선은 총득표율 기준으로 진짜 후보별 득표수를 추정해보면 민주당이 불과 2% 남짓 통합당을 앞섰을 뿐이다. 하지만 민주당은 사전투표 득표율 기준으로 26%를 앞섰고, 사전투표에서 서울의 49개 선거구 가운데 41곳에서 승리를 차지하였다. 정상적인 사전투표에서는 나올 수 없는 결과다. 비결은 전산조작에 의한 선관위 발표 후보별 사전투표 득표수 조작이었다.

서울 총선 조감도

2020 총선, 서울에서 어떤 일이 일어났는가? 사전투표 조작을 한

눈에 파악할 수 있도록 도와주는 것은 서울 49개 선거구에 대한 차이값1(관외사전-당일투표 득표율)과 차이값2(관내사전-당일투표 득표율)을 살펴보는 것이다.

〈2-1〉은 서울 전역의 선거구별 관외사전투표 득표율 빼기 당일투표 득표율을 표시한 차이값 그래프다. 딱 한마디로 표현하면, "이것은 투표도 아니고 선거도 아니고, 그냥 선거사기범들의 선거 사기질이다"로 요약할 수 있다.

4박5일 차이를 두고 벌어진 사전투표와 당일투표에서 서울의 모든 선거구에서 민주당은 사전투표에서 승리하였다. 반대로 미래통합당은 사전투표에서 패배하였다. 확률로 보면 1/2의 49승과 1/2의 49승이 동시에 발생한 대사건이다. 결과적으로 4·15 총선에서 이처럼 민주당 차이값이 모두 플러스 값을, 그리고 통합당 차이값이 모

〈2-1〉 2020 총선(서울), 차이값1(관외사전-당일) 그래프

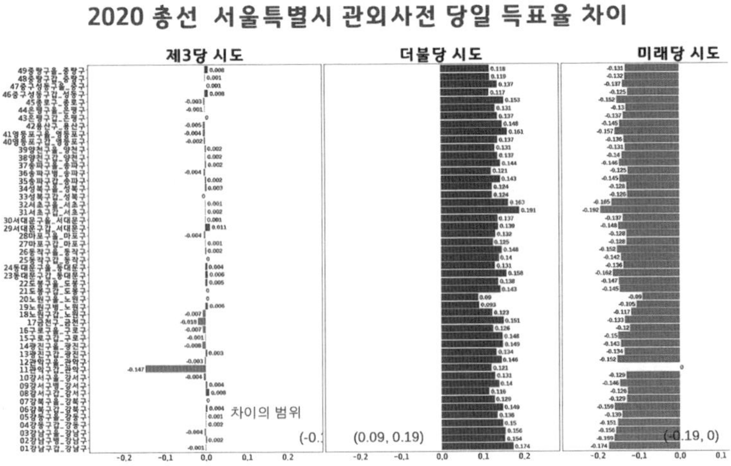

두 마이너스 값을 가질 가능성은 1/2의 98승이다. 한마디로 '미친 숫자'라고 표현할 수밖에 없다.

차이값의 크기를 보면 입이 딱 벌어진다. 서울의 49개 선거구에서 민주당 후보들은 차이값이 최소 +9%에서 최대 +19%이다. 특정 후보의 사전투표 득표율과 당일투표 득표율이 오차범위(0~3%)를 크게 벗어난 것은 물론이고 이처럼 어마어마한 크기를 가질 수는 없다.

〈2-2〉는 서울 전역의 선거구별 관내사전투표 득표율 빼기 당일투표 득표율을 표시한 차이값 그래프다. 그냥 한 마디로 "어마어마한 선거 사기질, 즉 전산조작에 의한 후보 간 사전투표 득표수 증감 작업이 있었다"고 결론 내릴 수 있다. 세상에 그 어떤 선거도 사전투표 득표율과 당일투표 득표율 사이에 최소 +10%에서 최대 +16%의 차

〈2-2〉 2020 총선(서울), 차이값2(관내사전-당일) 그래프

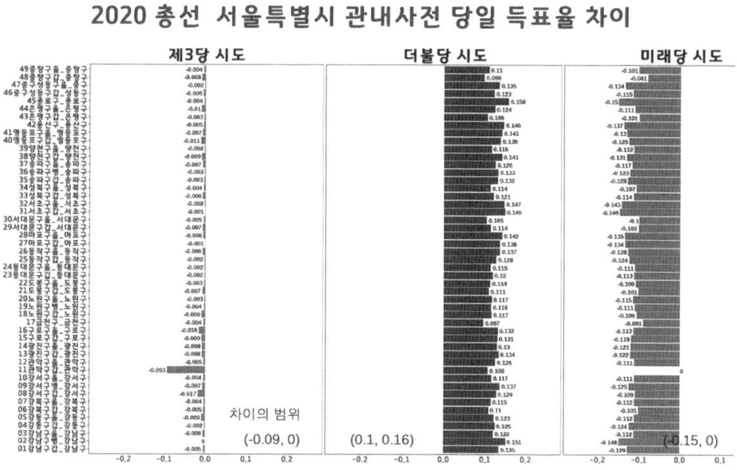

이가 있을 수 없다. 사전투표 득표율을 민주당 후보는 올려주고, 통합당 후보는 내리는 인위적인 사전투표 조작이 있었기 때문에 가능한 차이값 그래프다.

〈2-1〉과 〈2-2〉는 통계학의 대들보에 해당하는 '대수의 법칙'을 정면으로 위반한 반과학적 현상이다. 투표자들이 던진 득표수가 자연수임을 염두에 두면 이 같은 그래프는 어떤 경우에도 나올 수가 없다. 결국 선거사기범들과 전산조작범들이 협업을 통해 서울의 모든 선거구에서 자신들이 미는 후보를 낭선시키기 위해 사전투표 득표수 조작 행위를 저질렀음을 이야기하고 있다.

2,252개 투표소에서 모두 조작

부정선거, 즉 선거사기를 저지르는 자들이 아무리 똑똑하고 경험이 많다 하더라도 한 가지를 우회할 수는 없다. 전 세계의 그 어떤 선거사기범들이라 하더라도 그들은 궁극적으로 후보별 득표수를 조작해야 한다는 사실이다. 더 구체적으로는 후보별 사전투표 득표수를 조작해야 한다는 점을 피할 수 없다.

득표수 조작이 이뤄지는 기초단위는 투표소이다. 그다음에 투표소 단위의 조작이 합쳐져 읍·면·동 단위의 조작이 이뤄진다. 그다음에는 선거구 단위의 조작이 이뤄진다. 4·15 총선도 예외 없이 투표소 단위에서 이루어진 득표수 조작이 기본을 구성하고 있다.

득표수 조작은 다소 유식한 표현이고, 이를 좀 거칠게 세상 표현을 사용하면 다음과 같다. "낙선시켜야 할 후보의 득표수를 일정 수

량만큼 도둑질을 해서, 그렇게 확보된 장물을 당선시켜야 할 후보에게 쑤셔 넣어주는 것이다." 그렇기에 차이값(사전-당일)의 경우 민주당 후보는 항상 플러스 값이 나오고, 통합당 후보는 항상 마이너스 값이 나온다.

그렇기 때문에 자연스럽게 선거사기범의 정체가 탄로 나게 된다. 공짜표를 얻는 측이 선거사기범의 핵심을 형성하고 있을 것이라는 지극히 합리적인 결론에 도달하게 된다. 물론 검찰 수사가 이뤄져야 구체적으로 누구인가를 적시할 수 있을 것이다. 그럼에도 불구하고 우리는 표를 쑤셔 넣고 표를 빼앗는 작업은 디지털 조작, 즉 전산조작과 실물로 된 위조투표지 투입이 동시에 이루어졌을 것이라는 합리적인 의심을 갖게 된다. 여기서 선거사무를 담당하는 자들의 도움과 협력 없이는 이루어질 수 없다는 점이다. 그래서 선거사기범들과 부역 및 협력 관계에 있는 선관위 관련자의 역할을 의심하지 않을 수 없다. 선거 데이터는 중국 공산당 선관위가 만든 것을 수입한 것이 아닐 것이기 때문이다.

투표소 단위에서 이루어진 조작과 사전투표 득표수를 민주당 후보에게 쑤셔 박고, 통합당 후보에게 약탈한 것을 〈2-3〉처럼 생생하게 증언할 수 있는 것은 없다. 선관위 발표 후보별 득표수가 외치는 것을 〈2-3〉에서 들어보자.

2020년 4·15 총선을 앞둔 시점의 보도자료를 살펴보면, 중앙선관위는 사전투표가 4월 10~11일 양일간 전국 1만 4,330개 투표소(투표구수)에서 실시된다고 밝혔다. 이제까지 알려진 바에 따르면 "4·15 총선 사전투표에서 민주당은 1,480개 투표소에서 모두 승리하였다"고 알려져 왔다. 그런데 선관위 공시 발표에 따르면 서울은

424개 동, 2,252개 투표구수로 구성되어 있다. 단 2,252개 투표구수 가운데 단 한 곳에서도 미래통합당 후보가 승리하지 못하였다. 여기서 민주당 승리의 기준은 민주당 후보의 득표율이 통합당 후보의 득표율보다 큰 것을 뜻한다. 즉 민주당 호보의 관내사전투표 득표율을 통합당 후보의 관내사전투표 득표율로 나눈 값이 1 이상인 것을 말한다.

2020 총선 투표소 단위에서 이루어진 사전투표 결과는 상당히 중요한 의미를 갖고 있다. 이것이 갖고 있는 의미를 정리하면 다음과 같다.

첫째, 서울 전역의 사전투표소 2,252개소에서 민주당 후보 사전투표 득표율은 모두 통합당 후보 사전투표 득표율보다 크다. 이는 2,252개소에서 민주당 후보가 압승하였음을 뜻한다. 단 한 곳에서도 통합당 후보가 승리하지 못하였다.

한편 "서울의 모든 투표소 1,480군데에서 민주당 후보가 모두 승리하였다"고 알려져 있지만, 실제로 선관위 발표는 2,252개이다. 측정 과정에서 다소간의 차이가 있을 수 있을 가능성에 문을 열어둬야 할 것이다. 2,252개 투표소건 1,480개 투표소건 숫자는 크게 중요하지 않다. 민주당 후보가 전부 승리한 것이 중요할 뿐이다.

둘째, 민주당 후보가 2,252개 사전투표소에서 모두 승리할 확률은 1/2의 2,252승이다. 확률 세계에서는 물론이고 현실 세계에서는 일어날 수 없는 일이 4·15 총선 서울 지역에서 일어났다. 4·15 총선 서울 전역의 사전투표가 '100% 선거사기'임을 뜻한다. 사전투표가 사기라는 것은 곧바로 2022 총선의 서울 전역의 선거 결과가 모두 조작이란 것을 말한다. 이 같은 일은 서울에서만 일어난 것이 아니라 4·15 총선에서 전국에서 일어났다. 예외적인 지역인 전남, 전북, 광주광역시 일부 선거구만 이 같은 조작이 일어나지 않았을 뿐이다.

셋째, 현재 서울에 지역구를 둔 더불어민주당 후보들은 모두 부정선거로부터 누구도 자유롭지 않다. 직설적으로 이야기하면 민주당 국회의원들은 전부 전산조작에 의한 사전투표수 증감 작업으로 당선되었다. 서울에 지역구를 둔 모든 민주당 의원들은 전원이 사전투표 조작, 즉 부정선거 결과물이다.

넷째, 서울에 지역구를 둔 민주당 국회의원들은 단 한 명의 예외도 없이 모두 사전투표 조작이 당선에 기여하였다. 박용진(강북구을), 우상호(서대문구갑), 노웅래(마포구갑), 이수진(동작구갑), 우원식(노원구을), 고민정(광진구을), 진성준(강서구을), 서영교(중랑구갑), 박홍근(중랑구을), 박주민(은평구갑), 정청래(마포구갑), 김민석(영등포을), 이인영(구로구갑), 황희(양천구갑), 홍익표(중구성동구갑), 이낙연(종로구) 등 민주당 주요 인사들이나 얼굴이 제법 알려진 인물들은 전부 전산조작에 의한 부정선거를 통해 당선되었다.

다섯째, 서대문구갑(12번) 선거구에는 모두 7개 동이 있고, 동 산하에 46개 투표소가 있다. 우상호(민주당)는 46개 투표소의 관내사전투표에서 전부 승리를 거두었다. 확률로 보면 1/2의 46승이다. 수십억 분의 1 정도의 불가능한 일이 일어났다. 이런 사건이 서울의 49개 선거구에서 모두 일어난 것이 2020년 총선이다.

은평구갑(32번) 선거구에는 9개 동이 있고, 동 산하에 58개 투표소가 있다. 박주민(민주당)은 58개 투표소의 관내사전투표에서 모두 승리를 거두었다. 확률을 계산해보면 1/2의 58승이라는 불가능한

〈2-3〉 2020 총선(서울), 투표소 단위 사전투표 조작

선거구		투표동수/ 투표소수	민주당 관내사전투표 승리 투표소 숫자	민주당 / 통합당
1	노원구갑	5 / 43	43 : 0	고용진 / 이노근
2	강서구갑	6 / 46	46 : 0	강선우 / 구상찬
3	동대문구을	6 / 49	49 : 0	장경태 / 이혜훈
4	강북구을	6 / 49	49 : 0	박용진 / 안홍렬
5	송파구을	6 / 58	58 : 0	최재성 / 배현진
6	강서구병	7 / 44	44 : 0	한정애 / 김철근
7	강남구병	7 / 44	44 : 0	김한규 / 유경준
8	강북구갑	7 / 45	45 : 0	천준호 / 정양석
9	도봉구갑	7 / 45	45 : 0	인재근 / 김재섭
10	노원구병	7 / 45	45 : 0	김성환 / 이준석
11	강동구을	7 / 45	45 : 0	이해식 / 이재영
12	서대문구갑	7 / 46	46 : 0	우상호 / 이성헌
13	서대문구을	7 / 46	46 : 0	김영호 / 송주범
14	마포구갑	7 / 47	47 : 0	노웅래 / 강승규
15	동작구을	7 / 48	48 : 0	이수진 / 나경원
16	노원구을	7 / 50	50 : 0	우원식 / 이동섭
17	구로구을	7 / 51	51 : 0	윤건영 / 김용태
18	은평구을	7 / 55	55 : 0	강병원 / 허용석
19	도봉구을	7 / 49	49 : 0	오기형 / 김선동
20	광진구을	7 / 49	49 : 0	고민정 / 오세훈
21	강남구갑	7 / 49	49 : 0	김성곤 / 태구민
22	강서구을	7 / 60	60 : 0	진성준 / 김태우
23	중랑구갑	8 / 47	47 : 0	서영교 / 김삼화
24	강남구을	8 / 48	48 : 0	전현희 / 박진

25	광진구갑	8 / 50	50 : 0	전혜숙 / 김병민
26	중랑구을	8 / 55	55 : 0	박홍근 / 윤상일
27	동대문구갑	8 / 52	52 : 0	안규백 / 허용범
28	동작구갑	8 / 54	54 : 0	김병기 / 장진영
29	송파구갑	9 / 48	48 : 0	조재희 / 김웅
30	서초구갑	9 / 55	55 : 0	이정근 / 윤희숙
31	성북구을	9 / 56	56 : 0	기동민 / 정태근
32	은평구갑	9 / 58	58 : 0	박주민 / 홍인정
33	영등포구갑	9 / 59	59 : 0	김영주 / 문병호
34	마포구을	9 / 62	62 : 0	정청래 / 김성동
35	영등포구을	9 / 64	64 : 0	김민석 / 박용찬
36	구로구갑	9 / 64	64 : 0	이인영 / 김재식
37	양천구을	9 / 60	60 : 0	이용선 / 손영택
38	양천구갑	9 / 66	66 : 0	황희 / 송한섭
39	서초구을	9 / 62	62 : 0	박경미 / 박성중
40	송파구병	10 / 63	63 : 0	남인순 / 김근식
41	관악구을	10 / 59	59 : 0	정태호 / 오신환
42	강동구갑	10 / 67	67 : 0	진선미 / 이수희
43	금천구	10 / 69	69 : 0	최기상 / 강성만
44	성북구갑	11 / 60	60 : 0	김영배 / 한상학
45	관악구갑	11 / 64	64 : 0	유기홍 / 김성식
46	중구 성동구갑	13 / 65	65 : 0	홍익표 / 진수희
47	용산구	16 / 75	75 : 0	강태웅 / 권영세
48	종로구	17 / 60	60 : 0	이낙연 / 황교안
49	중구 성동구을	19 / 82	82 : 0	이해식 / 이재영

일이 2020 총선 은평구갑 사전투표에서 일어났다. 조작 이외에 투표자들이 던진 투표 행위로서는 결코 일어날 수 없는 일이다.

광진구을(20번) 선거구에는 모두 7개 동이 있고, 동 산하에 49개 투표소가 있다. 고민정(민주당)은 49개 투표소에서 전부 관내사전투표에서 승리를 거두었다. 확률은 1/2의 49승이다. 불가능한 확률이 4·15 총선에서 일어났다.

여섯째, 사전투표 조작이 모든 투표소 단위에서 어떻게 일어났는가에 내해 〈2-3〉은 명확한 정보를 제공한다. 모든 투표소에서 단 한 곳의 예외도 없이 사전투표 득표수 증감 작업이 실행에 옮겨졌다. 사전투표 조작, 즉 전산조작에 의해 미래통합당 후보의 사전투표 득표수 가운데 일정 부분을 빼앗아 전산적으로 민주당 후보에게 더해주는 방식이 사용되었다.

한 치의 예외도 없이 모든 투표소 단위에서 일정 퍼센트, 즉 일정 조작값이 적용되어 득표수를 도둑질하였기 때문에 민주당 후보 득표율이 통합당 후보 득표율을 모두 투표소에서 압도하는 일이 일어나게 된다

후보 간 득표수 이동, 범죄 증거물

선거사기의 궁극적 목표는 후보별 득표수를 조작하는 것이다. 이를 달성하지 못하면 어떤 선거사기도 성공할 수 없다. 이를 위해 유력한 수단으로 사용되는 것이 후보별 사전투표 득표수를 만지는 것이다. 후보별 사전투표 득표수를 만진다는 이야기를 간략하게 이야

기하면, 미래통합당 후보에게서 뭉텅이로 표를 훔쳐서 더불어민주당 후보에게 왕창 더해주는 것을 뜻한다.

이처럼 표를 빼앗고, 표를 밀어 넣어주면 반드시 그 흔적이 남는다. 이를 담아낸 것이 〈2-4〉이다. 서울 49개 선거구 가운데 9개를 임의로 선택해서 정리해보았다. 예를 들어 12번 서대문구갑(우상호)의 사례를 살펴본다.

우상호(민주당)는 미래통합당 후보가 당일투표지 100장을 받을 때 104장의 당일투표지를 받았다. 아슬아슬하게 우상호(서대문구갑)가 당일투표에서 승리하였음을 알 수 있다. 서대문구갑의 경우 당일투표자수, 관외사전 투표자수, 그리고 관내사전 투표자수가 모두 수만 명에 달하기 때문에 당일득표수 비중, 관외사전투표 득표수 비중, 그리고 관내사전투표 득표수 비중이 비슷해야 한다.

〈2-4〉 1번(더불어민주당) / 2번(미래통합당) 득표수 비중(%)

선거구		당일득표수	관외사전 득표수	관내사전 득표수	비고
12	서대문구갑(우상호)	104.0	199.1	163.9	
15	동작구을(이수진)	91.5	171.7	158.0	승부 역전
17	구로구을(윤건영)	122.1	211.3	208.4	
22	강서구을(진성준)	109.8	189.8	176.9	
35	영등포구을(김민석)	88.4	174.9	157.0	승부 역전
34	마포구을(정청래)	114.4	208.7	217.4	
36	이인영(구로구갑)	122.6	151.1	159.8	
38	양천구갑(황희)	92.5	165.4	162.4	승부 역전
48	종로구(이낙연)	107.5	204.2	204.6	

주: 1번/2번 득표수 비중(%) = (1번/2번 득표수) x 100%

그런데 우상호의 관외사전투표 득표수 비중은 199.1이고 관내사전투표 득표수 비중은 163.9이다. 이것이 가진 의미를 간략하게 해석하면, 미래통합당 후보의 관외사전투표 득표수와 관내사전투표 득표수를 빼앗아서 우상호(민주당)가 취하였기 때문에 1번 득표수와 2번 득표수 비중이 크게 늘어나게 된다. 우상호의 관외사전투표 득표수 비중과 관내사전투표 득표수 비중이 당일투표 득표수 비중을 크게 넘어서는 이유이다.

민주당 후보의 관외사전투표 득표수 비중과 관내사전투표 득표수 비중은 당일투표 득표수 비중보다 이례적으로 크다. 이유는 표를 쑤셔 넣어준 후보들이 모두 민주당 후보들이기 때문이다. 그리고 분모에 해당하는 미래통합당 후보는 모두 표를 빼앗긴 후보들이다. 분자는 표를 쑤셔 넣어서 커지고, 분모는 표를 빼앗겨서 작아진다. 비중이 이례적으로 큰 값이 나올 수밖에 없다.

15번 동작구을(이수진), 35번 영등포구을(김민석), 그리고 38번 양천구갑(황희)은 민주당 후보들이 모두 당일투표에서 미래통합당 후보에게 패배하였다. 결과적으로 당일투표 득표수 비중이 모두 100 이하이다. 이수진 91.5, 김민석 88.4, 그리고 황희 92.5이다. 그런데도 불구하고 관외사전투표 득표수 조작과 관내사전투표 득표수 조작으로 민주당 후보가 모두 승리하였다. 관외사전투표 득표수 비중은 이수진 171.7, 김민석 174.9, 그리고 황희 165.4이다. 이수진의 경우 당일투표에서 경쟁자인 나경원이 받은 100장당 이수진은 91.5장밖에 받지 못했는데, 관외사전투표에서는 무려 171.7장을 받은 셈이다. 관외사전투표에서 나경원이 받은 관외사전투표 득표수에서 표를 왕창 빼앗아 이수진에게 쑤셔 넣어주었다는 뜻이다.

2
서울 전역, 조작 성적표

조작 성적표는 의석수에 그 모습을 선명하게 드러낸다. 선관위 발표 후보별 득표수에 따르면, 서울 전역에서 민주당은 41 대 8로 압승을 거두었다. 그러나 49개 선거구별 진짜 득표수 추정치에 따르면 승부는 33 대 16으로 바뀐다. 8석의 승부가 바뀌게 된다. 여기서 진짜 득표수 추정치는 사전투표 조작을 제거한 후보별 득표수를 뜻한다.

서울에서만 57만 4,000표 이동

당선과 낙선을 가르는 기준은 총득표수이다. 우선 총득표수 기준으로 후보별 득표수 증감이 어느 정도 있었는가를 살펴봐야 한다.

21대 총선의 서울 총투표자수는 약 577만 3,000명이다. 재야 전문가는 서울의 49개 선거구를 모두 정밀 분석하여 각 선거구에서 조작값을 찾아냈다. 여기서 조작값은 미래통합당 후보를 비롯한 군소정당의 후보들이 얻은 사전투표 득표수 가운데 일정 퍼센트를 빼앗아서 더불어민주당 후보에게 전산적으로 득표수를 더해준 규모를 말한다. 4·15 총선에서는 군소정당 후보의 사전투표 득표수에 손을 댄 경우는 드물다.

선관위 발표 후보별 득표수에 따르면 더불어민주당 304만 9,272표, 미래통합당 238만 9,379표이다. 득표율 기준으로 민주당 53%, 통합당 41%를 뜻한다. 민주당이 무려 12%나 압승한 선거라고 말한다.

그러나 선거 데이터 정밀 분석에 따르면 선관위 발표 후보별 득표수에는 사전투표 조작에 의해 통합당 후보는 자신이 받은 득표수 가운데 일정 비중을 빼앗긴 감소된 득표수를 반영하고 있다. 마찬가지로 민주당 후보는 통합당 후보에게서 빼앗은 득표수가 더해진 증가된 득표수를 포함하고 있다. 한마디로 이야기해서 선관위 발표 후보별 득표수는 증감된 득표수가 포함된 가짜 득표수란 뜻이다.

선관위 발표 49개 선거구의 후보별 득표수에서 찾아낸 조작값을 이용해서, 선관위 발표 후보별 득표수를 사전투표 조작이 이루어지지 않은 원래 상태로 복원하였다. 그렇다면 득표수를 얼마나 인위적으로 증가시키고 감소시켰을까? 총투표 득표수 기준으로 환산한 것의 분석 결과표가 〈2-5〉이다. 49개 선거구의 평균값을 기준으로 하면, 총투표 투표자수의 -5.02%를 통합당 후보에게서 빼앗고, 이에 상응해서 +4.92%를 민주당 후보에게 더해주었다. 총투표 투표자수 기준으

〈2-5〉 2020 총선(서울), 조작 성적표(총투표 기준)

21대 총선 서울 전체 투표 조작율

	더불어민주당	미래통합당				사전투표
						선거인수
1.발표득표수	3,049,272	2,389,379	0	0	0	5,773,098
득표율기준	0.53	0.41	-	-	-	
		0.11	-			본인표중
2.총투표 조작수 평균	284,200	289,536	-	-	-	총조작값
총투표선거인수	4.92%	5.02%	0.00%	-	-	9.94%
3.예상 득표수	2,765,072	2,678,915	0	0	0	
득표율 기준	0.48	0.46	-	-	-	

거소투표 조작은 제외 했고 숫자는 포함됨 , 득표율은 투표인수와 나누어졌음

예상 득표수는 다소 차이가 있음

로 약 9.94%만큼의 득표수 증감이 이루어진 것으로 볼 수 있다.

다시 말하면 통합당 후보에게서 총투표 투표자수의 -5.02%인 28만 9,536표를 빼앗았다. 그리고 민주당 후보에게는 총투표 투표자수의 +4.92%인 28만 4,200표를 더해주었다. 득표수 조작을 위해 동원된 조작규모는 약 57만 3,736표이다. 이것은 총투표 투표자수를 기준으로 하면, 약 9.94%만큼의 득표수를 증가시키고 감소시키는 불법적인 일이 일어났음을 뜻한다.

결과적으로 4·15 총선이 정상적인 투표였다면 민주당 후보는 득표율 기준으로 48%를 얻었어야 했지만, 득표수 증감 작업으로 53%까지 득표율이 치솟아 오르게 된다. 반대로 통합당 후보는 득표수 증감 작전이 일어나지 않았다면 46%를 획득해야 했지만, 불법적인 작전으로 말미암아 41%로 쪼그라들고 말았다. 49개 서울 전역에서 일어난 평균값 기준임을 염두에 둘 필요가 있다.

〈2-6〉 2020 총선(서울), 총투표 조작(총투표 득표율 기준)

	민주당	통합당
선관위 발표	53%	41%
진짜 득표수 추정치	48%	46%
사전투표 증감 작업	+5%	−5%

4·15 총선에서 서울 전역에서 민주당은 실제로 약 2%(=48%-46%) 정도 앞섰지만, 인위적인 득표수 증감 활동에 힘입어서 12%(=53%-41%)를 앞서게 된다. 선거사무를 담당하는 자들이 2% 격차가 난 선거를 한쪽에서 표를 빼앗고 다른 쪽에 그만큼 표를 더해주는 방법으로 12% 격차가 나는 선거로 만들어버렸다. 이에 따라서 통합당이 이겼을 가능성이 높은 8개 선거구가 민주당 당선 지역으로 변경되었다.

후보별 진짜 득표수 추정치를 바탕으로 당선과 낙선이 바뀌었을 가능성이 높은 지역은 모두 8곳이다. 이들 선거구에는 중구(지상욱), 광진구을(오세훈), 도봉구을(김선동), 노원구병(이준석), 양천구갑(송한섭), 영등포을(박용찬), 동작구을(나경원), 강동구갑(이수희)이 포함된다. 8곳 역전 가능성은 확정된 사실이 아니라, 선관위 발표 후보별 득표수 분석에서 찾아낸 조작값으로 구한 진짜 득표수 추정치에 바탕을 두고 있음에 주목할 필요가 있다.

49개 선거구 조작 성적표

4·15 총선에서 서울의 49개 선거구마다 얼마만큼의 득표수를 이동시켰을까? 점잖은 표현으로 “이동시켰을까?”라고 하지만, 직설적인 표현을 사용하면 ”얼마나 득표수를 도둑질했을까?”라는 표현이 더 진솔하다.

〈2-7〉에서 왼쪽(A)은 선관위 발표 후보별 득표수이다. 거듭 강조하지만 선관위 발표 선거 데이터에는 득표수 증감 작업이 고스란히 포함되어 있다. 49개 선거구 전부에서 민주당 후보의 득표수는 부풀려진 상태이고, 통합당 후보의 득표수는 쪼그라든 상태이다.

오른쪽(B)은 진짜 득표수 추정치다. 왼쪽(A)에 포함된 사전투표 득표수 증감 작업을 제거한 상태의 후보별 진짜 득표수를 말한다. 진짜 득표수 추정치를 계산하기 위해 오른쪽의 선관위 발표 후보별 득표수에 발견한 조작값을 이용하였다.

민주당 후보의 차이(A-B)는 항상 플러스 값을 가진다. 또한 통합당 후보의 차이(A-B)는 항상 마이너스 값을 가진다. 민주당 후보는 항상 표를 빼앗는 측이고, 통합당 후보는 항상 표를 빼앗기는 측이다. 49개 선거구 전부에서 민주당은 플러스 값을, 그리고 통합당은 마이너스 값을 갖는다. 단 한 곳도 예외가 없다. 그래서 그냥 “선거가 아니고 사기다”라고 부르게 된다.

49개 선거구에서 민주당이 모두 플러스 차이값을, 그리고 통합당이 모두 마이너스 차이값을 가질 확률은 1/2의 49승과 1/2의 49승이 동시에 일어날 확률이다. 그러니까 1/2의 98승의 불가능한 확률이 4·15 총선 서울 전역에서 일어났음을 확인할 수 있다.

〈2-7〉 2020 총선(서울), 선관위 발표 득표수 vs 진짜 득표수 추정치(총득표수 기준)

1	선관위 발표 .				
2		후보자별 득표		후보자별 득표수	
3	선거구명	더불어민주당	미래통합당	더불어민주당	미래통합당
4					
5	종로구	54,902	37,594	48,097	44,391
6	성동구	70,387	53,107	63,732	59,757
7	중구	64,071	58,300	56,850	65,515
8	용산구	63,001	63,891	54,831	72,061
9	광진구 갑	56,608	42,822	51,769	47,659
10	광진구 을	54,210	51,464	47,912	57,760
11	동대문구 갑	51,551	40,874	46,582	45,841
12	동대문구 을	55,230	44,360	50,684	48,905
13	중랑구 갑	55,185	34,670	50,817	39,038
14	중랑구 을	74,131	47,603	68,748	52,986
15	성북구 갑	82,954	49,727	76,762	55,910
16	성북구 을	70,740	45,543	65,552	50,723
17	강북구 갑	49,490	33,840	45,297	38,008
18	강북구 을	57,013	30,708	53,783	33,933
19	도봉구 갑	50,653	37,967	46,177	42,439
20	도봉구 을	51,756	44,554	46,650	49,655
21	노원구 갑	53,911	36,782	49,948	40,712
22	노원구 을	71,708	41,792	67,316	46,068
23	노원구 병	55,556	46,373	49,916	51,998
24	은평구 갑	86,351	45,589	80,588	51,348
25	은평구 을	78,897	49,796	73,101	55,575
26	서대문구 갑	47,980	37,522	43,436	42,060
27	서대문구 을	58,328	35,853	53,913	40,194
28	마포구 갑	53,160	40,775	48,245	45,688
29	마포구 을	69,336	47,443	61,753	55,025
30	양천구 갑	78,196	67,814	70,444	75,565

31	양천구 을	66,759	47,897	60,961	53,691
32	강서구 갑	63,397	43,519	58,513	48,400
33	강서구 을	66,684	50,281	60,858	56,104
34	강서구 병	64,515	39,355	59,759	44,107
35	구로구 갑	75,865	55,347	70,103	61,107
36	구로구 을	56,065	37,018	51,653	41,428
37	금천구	64,735	46,278	59,377	51,635
38	영등포 갑	72,445	49,292	65,961	55,767
39	영등포 을	47,075	41,537	41,331	47,278
40	동작구 갑	70,290	54,526	63,730	61,083
41	동작구 을	61,407	53,026	54,916	59,516
42	관악구 갑	83,479	2,749	74,653	2,749
43	관악구 을	72,531	56,130	65,532	63,124
44	서초구 갑	42,971	72,896	35,663	80,197
45	서초구 을	62,442	74,445	54,994	81,878
46	강남구 갑	40,935	60,324	35,663	80,197
47	강남구 을	47,157	51,762	41,762	57,152
48	강남구 병	36,423	70,917	30,016	77,317
49	송파구 갑	54,704	58,318	48,447	64,574
50	송파구 을	65,763	72,072	58,840	78,991
51	송파구 병	78,789	64,869	72,524	71,133
52	강동구 갑	80,361	74,441	73,097	81,702
53	강동구 을	59,175	45,617	53,816	50,972
54	합계	3,049,272	2,389,379	2,765,072	2,678,915
55					
56		41	8	33	8

민주당은 41개 선거구에서 압승을 거두었다. 통합당은 용산구와 강남3구 7곳을 포함한 8개 선거구에서만 승리하였을 뿐이다. 선관위 발표 후보별 득표수를 기초로 하는 성적표가 왼쪽(A)에 민주당

승리 지역이 흐릿한 명암으로, 통합당 승리 지역 역시 흐릿한 명암으로 표시되어 있다. 강남3구로 불리는 서초구, 강남구, 송파구를 제외하고 통합당이 전패하였음을 알 수 있다.

그러나 사전투표 조작으로 이동된 득표수 증감 작업을 시정하고 나면 성적표는 크게 바뀌게 된다. 진짜 득표수 추정치에 바탕을 둔 오른쪽(B)에는 승부가 바뀌는 8곳이 등장한다. 중구, 광진구을, 도봉구을, 노원구병, 양천구갑, 영등포을, 동작구을, 강동구갑이 사전투표 조작으로 승부가 바뀐 곳에 속한다.

〈2-7〉을 사용할 때 주의해야 할 일이 있다. 왼쪽(A)의 선관위 발표 후보별 득표수는 실제로 선관위가 발표한 후보별 득표수와 몇 표씩 차이가 난다. 무소속 후보들을 제외하고 민주당과 통합당 후보만을 비교하는 과정에서 잘못된 투표지와 관련된 오차가 있다. 따라서 더욱 정확한 선관위 발표 후보별 득표수는 무소속 후보들이 모두 포함된 선거구 단위의 선관위 발표 후보별 득표수를 참조해야 할 것이다.

예를 들어 종로구를 보자. 〈2-7〉에 따르면 이낙연(민주당)은 실제로 4만 8,097표를 받았지만, +6,805표가 더해지면서 선관위 발표 이낙연 득표수는 5만 4,902표로 부풀려지게 된다.

반면 황교안(통합당)은 실제로 4만 4,391표를 받았지만, -6,797표를 빼앗기면서 선관위 발표 황교안 득표수는 3만 7,594표로 줄어들고 만다. 종로구에서만 1만 3,602표를 인위적으로 이동시키는 득표수 증감 작업이 있었음을 알 수 있다.

그런데 종로구에 출마한 9명의 무소속 후보들을 모두 포함하게 되면, 양 후보의 선관위 발표 후보별 득표수는 조금씩 바뀌게 된다.

이낙연(민주당) 선관위 발표 득표수는 5만 4,902표에서 5만 4,896표로 6표가 줄어든다. 황교안(통합당)도 3만 7,594표에서 3만 7,592표로 2표가 줄어든다. 결과적으로 불법적으로 이동시킨 득표수도 8표가 줄어든다. 따라서 〈2-7〉은 양 후보 사이에 대략적인 득표수 조작을 이해하는 데 사용할 수 있을 뿐이다. 더욱 정밀한 득표수 조작은 양 후보는 물론이고 무소속 후보들을 모두 포함한 자료를 사용해야 할 것이다.

참고로 종로구는 13개 동과 65개의 투표소로 구성된다. 65개 투표소에서 민주당(이낙연)은 관내사전투표에서 승리를 거두었다. 여기서 승리는 민주당 후보의 관내사전투표 득표수가 통합당 후보의 관내사전투표 득표수보다 많은 것을 뜻한다. 이낙연의 관내사전투표 우승 승률은 65 대 0이다. 1/2의 65승의 불가능한 확률이 종로구 총선에서 일어났다.

전산조작의 뚜렷한 흔적들

"선거에 개입하면 반드시 흔적을 남긴다." 어떤 조작 수법을 동원하더라도 흔적을 지울 수는 없다. 모든 조작은 후보별 득표수라는 숫자를 만져야 하기 때문이다. 숫자 조작이 가진 치명적인 문제점이 노출될 수밖에 없다. 숫자를 조작하지 않고선 부정선거가 성공할 수 없음을 염두에 두면, 결국 선거 데이터 조작은 발각될 수밖에 없는 일이다.

그럼에도 불구하고 2017 대선 이후부터 화끈한 조작을 단행한

4·15 총선에 이르기까지, 선거사기범들과 전산조작범들이 전산조작에 의해 후보별 득표수를 만들 생각을 어떻게 했을까?

그들은 확신하였을 것이다. 어느 누구도 헌법기관인 중앙선거관리위원회가 발표한 후보별 득표수를 감히 의심하고 이를 정밀 분석할 것으로 꿈에도 생각하지 못했을 것이다. 그냥 선관위 발표 후보별 득표수라는 숫자 덩어리를 발표하면, 누구도 의심하지 않고 이를 받아들일 것으로 믿어 의심치 않았을 것이다. 보통 시민들이 부정선거 여부를 변별하기에 선관위 발표 후보별 득표수라는 숫자 덩어리는 너무 복잡하기 때문이다.

더욱이 투표자들이 던지는 득표수는 합하든 더하든 간에 무작위수 혹은 자연수의 성격을 고스란히 유지한다. 어떤 규칙이나 패턴이나 수학적 관계식을 찾아낼 수 없어야 한다. 그런데 선거범죄자들이 은밀히 만들어낸 득표수에는 뚜렷한 규칙이 존재한다. 4·15 총선에서 선관위가 발표한 후보별 득표수는 전남, 전북, 광주광역시 일부 지역을 제외하면 모든 선거구에서 '만들어진 숫자', '조작된 숫자', '제조된 숫자'이다.

선관위는 투표자들이 던진 득표수를 단순 합산하여 발표한 것이 아니다. 특정 정당에 속하거나 유착된 자들이 세운 선거 승리 시나리오에 맞추어서 전국의 거의 모든 선거구에서 전산 프로그램에 변수인 조작값을 입력해서 후보별 득표수를 만들어냈다. 이를 비유적으로 말하자면 '후보별 득표수 제조공장'을 가동시켜서 제조상품인 후보별 득표수를 만들어내는 일이 4·15 총선에서 일어났다.

전산조작에 의해 후보 사이에 득표수를 이동시키는 작업을 감행하면, 후보별 득표수라는 숫자에는 인위적이고 작위적인 작업의 흔적이 뚜렷이 남게 된다. 어떤 방법을 동원하더라도 이를 제거할 수가 없다.

〈2-7〉의 왼쪽(A)과 오른쪽(B)은 조작된 상태의 후보별 득표수와 조작이 제거된 상태의 후보별 득표수를 보여주고 있다. 또한 조작된 선관위 발표 후보별 득표수와 조작이 제거된 상태의 진짜 후보별 득표수 추정치를 볼 수 있다.

민주당 후보는 49개 선거구에서 모두 차이(A-B)가 플러스 값을 갖는다. 당연한 일이다. 득표수를 더해주었기 때문이다. 통합당 후보는 단 한 곳도 예외 없이 차이(A-B)가 마이너스 값을 갖는다. 지극히 당연한 일이다. 득표수를 빼앗겼기 때문이다. 49곳에서 단 한 곳도 예외 없이 민주당은 플러스 차이값을, 통합당은 마이너스 차이값을 갖는다. 이것은 선거가 아니라 그냥 사기질이라고 단정할 수 있다.

선거 사기질의 결과물이 바로 〈2-7〉이다. 우리는 민주당 후보가 얼마나 표를 도둑질하였는지, 그리고 통합당 후보가 얼마나 표를 약탈당했는지를 쉽게 계산할 수 있다. 선거구마다 차이(A-B)가 이를 말해주고 있다. 차이값을 합하면 득표수 조작을 위해 이동된 조작 규모를 추계할 수 있다.

4·15 총선에서 서울 지역에서 일어난 일은 전국에서 일어난 일이다. 또한 2017 대선부터 2022 지방선거까지 반복적으로 공직선거에서 일어난 일이기도 하다. 늘 동일한 전산조작 방법을 사용하기 때문에 만들어진 선거 데이터 역시 동일한 특성을 갖게 된다.

사전투표 조작규모, 약 56만 8,000표

총득표수 기준의 분석은 선거사기 전모를 이해하는 데 도움이 된다. 반면 사전투표 기준의 분석은 사전투표 조작의 실체에 한 걸음 더 다가설 수 있도록 도와준다. 〈2-8〉은 4·15 총선 서울 전역에서 일어난 전산조작에 의한 사전투표 득표수 증감 작업 내용을 상세하게 말해준다.

서울 선역의 사전투표 투표자수는 233만 7,550명이다. 참고로 서울 총투표자수는 약 577만 3,000명이다. 약 40.49%가 사전투표에 참가하였다. 사전투표 조작을 위해 통합당 후보에게서 빼앗은 득표수는 평균값 기준으로 -28만 4,136표이다. 이는 사전투표 투표자수 기준으로 -12.16%에 달한다. 같은 수만큼을 민주당 후보에게 더해주었기 때문에 민주당 후보가 공짜로 얻은 득표수는 평균값 기

〈2-8〉 2020 총선(서울), 사전투표 조작(사전투표 득표수 기준)

21대 총선 서울 전체 사전투표 조작율

	더불어민주당	미래통합당				사전투표 투표인수
1.발표득표수	1,416,348	817,046		0	0	2,337,550
득표율기준	0.61	0.35		-	-	
		- 0.35				본인표중
2.사전투표 조작수 평균	284,136	-284,136		-	-	총조작값
사전투표 투표인수	12.16%	-12.16%		-	-	24.78%
3.예상 득표수	1,132,212	1,101,182		0	0	
득표율 기준	0.48	0.47		-	-	

거소투표 조작은 제외 했고 숫자는 포함됨 , 득표율은 투표인수와 나누어졌음

예상 득표수는 다소 차이가 있음

준으로 +28만 4,136표이다. 이 또한 사전투표 투표자수 기준으로 +12.16%에 달한다. 빼앗긴 득표수와 빼앗아서 먹어치운 득표수를 모두 합치면 56만 8,272표이며, 이는 사전투표 투표자수 기준으로 24.78%에 해당하는 득표수이다.

이를 간략하게 정리하면, 4·15 총선 서울 전역에서 전산조작을 위해 동원된 사전투표 조작규모는 약 56만 8,000표이다. 사전투표 투표자수를 기준으로 24.78%에 달하는 규모이다. 4·15 총선에서 일반적으로 알려진 선국 평균 25%에 접근하는 수치임을 확인할 수 있다. 25%에서 절반인 -12.5%를 빼앗고, +12.5%를 더해주는 전산 조작이 일어났다는 4·15 총선에 대한 일반적인 통념과 거의 일치하는 결과를 서울에서 확인할 수 있다.

대선과 달리 총선은 선거구마다 팽팽한 접전이 벌어지는 곳이 많다. 이런 선거구마다 미래통합당 후보가 사전투표에서 받은 사전투표 득표수 100표당 35표, 즉 조작값 35%를 사용하면 접전이 예상되는 선거구에서 민주당은 모두 승리를 거둘 수 있다. 자신이 받은 사전투표 득표수 가운데서 35%만큼을 빼앗긴 상태에서 승리할 수 있는 후보는 없을 것이다.

민주당이 보수 성향이 강한 강남 3구와 용산구를 제외하고 서울 전역에서 압승할 수 있었던 비결이 바로 조작값 35%이다. 사전투표지 100장마다 35장을 이동시키는 비법이다. 35장 가운데 절반은 통합당 후보에게서 훔치고, 절반은 훔친 장물을 민주당 후보에게 더해주는 방식이 사용되었다. 그러니까 사전투표 투표자수를 변경시키지 않는 선에서 투표지 소유권을 슬쩍 바꾸어버리는 방법을 사용해왔음을 확인할 수 있다.

〈2-9〉 2020 총선(서울), 사전투표 조작(사전투표 득표율 기준)

	민주당	통합당
선관위 발표	60%	34%
진짜 득표수 추정치	48%	46%
사전투표 증감 작업	+12%	−12%

사전투표 조작이 일어나지 않았다면 민주당 후보는 평균적으로 48% 정도의 사전투표 득표율을 기록할 것으로 예상되었다. 하지만 전산조작에 의해 표가 더해짐으로써 선관위 발표 사전투표 득표율은 +12%가 더해진 60%를 기록하였다.

반면 통합당 후보는 사전투표 조작이 없었다면 46%의 사전투표 득표율을 기록할 것으로 예상됐지만, 자신이 받은 득표수 가운데 일정 부분을 빼앗김으로써 선관위 발표 후보별 득표수는 34%로 쪼그라들고 말았다.

사전투표 득표수 증감 작업을 위한 전산 작업은 좌우대칭 구조를 갖고 있다. 특정 후보에게서 빼앗는 것만큼을 또 다른 특정 후보에게 밀어주는 것이다. 표를 빼앗는 쪽은 늘 더불어민주당이다. 표를 빼앗기는 쪽은 늘 미래통합당이다. 여기서 우리는 선거사기범의 실체가 어느 정치집단인지를 명료하게 파악할 수 있다. 검찰 수사나 재판 과정으로 확정되지 않더라도, 선거사기로 가장 큰 이득을 보는 집단, 즉 표를 상습적으로 도둑질하는 정치집단이 바로 범인임을 누구든지 알 수 있을 것이다.

강남3구, 표 도둑질

서울 49개 선거구마다 얼마나 표를 훔쳤는가를 자세히 살펴보기 전에 일단 맛보기로 선거사기범들과 전산조작범들이 4·15 총선에서 얼마나 흉측한 짓들을 했는지 시범 사례를 살펴볼 필요가 있다.

대한민국에서 보수적인 색채가 강한 곳 가운데서도 손에 꼽을 수 있는 것이 서울의 강남3구(서초, 강남, 송파구)일 것이다. 4·15 총선에서 강남3구를 제외하고 유일하게 통합당 후보가 당선된 곳이 용산구(권영세 후보)밖에 없다.

이곳에서 선거사기범들이 얼마나 사전투표에 표를 많이 훔쳤는가를 살펴보면 여러분도 기가 찰 것이다. 통합당 후보가 얻은 사전투표 득표수 30%를 빼앗아버렸음에도 불구하고, 통합당 후보의 사

〈2-10〉 2020 총선(서초구, 강남구), 득표수와 득표율

	민주당	통합당	차이(민주-통합)
	선관위 발표		
서초구갑	2만 1,396표 (46.15%)	2만 4,352 (52.53%)	(-6.38%)
강남구갑	1만 8,213표 (48.53%)	1만 8,311표 (48.79%)	(-0.26%)
강남구병	1만 6,682표 (43.04%)	2만 1,343표 (55.07%)	(-12.03%)
	진짜 득표수 추정치		
서초구갑	1만 4,090표 (30.39%)	3만 1,658표 (68.29%)	(-37.90%)
강남구갑	1만 2,720표 (33.89%)	2만 3,804표 (63.43%)	(-29.54%)
강남구병	1만 279표 (26.52%)	2만 7,746표 (71.59%)	(-45.07%)

전투표 득표수가 많을 정도다. 통합당 후보가 얼마나 많은 사전투표 득표를 했는지, 100장당 30장을 민주당 후보가 가져가 버렸는데도 불구하고 남은 통합당 후보의 사전투표 득표수가 민주당 후보의 것보다 많다.

참고로 서초구갑 통합당 후보 진짜 사전투표 득표율 68.29%, 강남구갑 통합당 후보 진짜 사전투표 득표율 63.43%, 그리고 강남구병 통합당 후보 진짜 사전투표 득표율 71.59%이다. 사전투표에서 통합당 후보들은 압도적으로 승리하였다. 그럼에도 불구하고 선관위 발표 후보별 득표수는 아주 근소한 차이로 통합당 후보가 승리한 것으로 나와 있다. 통합당 후보에게 30%를 빼앗아 간 다음에도 통합당 후보의 사전투표 득표수와 득표율이 모두 민주당 후보를 앞선다.

〈2-10〉은 서초구갑, 강남구갑 그리고 강남구병에서 민주당 후보와 통합당 후보가 각각 얻은 사전투표 득표수를 알려준다.

예를 들어 서초구갑에서 통합당 후보(윤희숙)는 사전투표에서 37.90%로 앞섰다. 그럼에도 불구하고 득표수 증감 작업을 포함한 선관위 발표 후보별 득표수 자료에 따르면 불과 6.38% 차이밖에 나지 않는다고 나와 있다. 선관위 발표 후보별 득표수가 얼마나 왜곡된 숫자인지를 금방 파악할 수 있다. 서초구갑에서 통합당 후보는 1만 7,568표 차이로 앞섰다. 그러나 선관위 발표에 따르면 불과 2,956표 차이로 앞섰다는 것이다. 1만 7,000표 차이를 3,000표 차이로 줄여놓은 것이 선관위 발표 후보별 득표수이다.

강남구갑에서 통합당 후보(태구민)는 사전투표에서 29.54%(1만 1,084표)만큼 앞섰다. 그러나 선관위 발표 후보별 득표수에 따르면 통합당 후보가 불과 0.26%(98표)만큼 앞섰다는 것이다. 사전투표에서만 1만 표 이상의 격차를 낸 통합당 후보를 98표로 줄여버린 것이 선관위 발표 후보별 득표수이다. 얼마나 표를 훔쳐서 옮겼는지 실상을 낱낱이 말해주는 강남구갑 사례다.

강남구병에서 통합당 후보(유경준)는 사전투표에서만 45.07%(1만 7,467표)만큼 앞섰다. 그러나 선관위 발표 후보별 득표수에는 통합당 후보가 12.03%(4,661표)만큼 차이가 난다는 것이다. 1만 7,000표 격차를 4,600표 차이로 줄여놓은 것이 선관위 발표 후보별 득표수이다.

특히 4·15 총선 직후 유경준의 처신은 오랫동안 기억에 남아 있다. 전 통계청장이자 코넬대학에서 경제학박사 학위를 받은 유경준은 2020년 5월 21일 부정선거가 없다는 주장을 강력하게 제기한 인물이다. 그의 주장은 자신의 이익을 위해 지식을 어떻게 동원할 수 있는가를 보여주는 전형적인 모습을 취하였다. 당시 그의 주장은 이랬다. "미시간대학의 미베인 교수가 범한 오류들을 바로잡을 경우 3,485개 읍·면·동 유형의 투표율과 민주당 후보의 득표율을 사용해 추정 결과 '부정선거 없음' 확률이 98.4%로 21대 총선의 부정선거 가능성이 거의 없다고 판단됐다."

초등학생조차 차이값(사전-당일) 그래프를 보는 것만으로도 고개를 갸우뚱할 수 있는 일이었다. 양심이 있는 사람이라면 배움이 많지 않더라도 부정선거를 의심할 수 있는 상황에서, 통합당 내부에서 4·15 총선 부정선거 문제를 덮는 데 유경준이 큰 역할을 하였다. 미국에서 경제학 학위를 거꾸로 했는지, 참으로 이해하기 힘든 일이다. 그는 부정선거를 없는 것으로 하고 싶어 하는 미래통합당을 위해 자신의 경력과 박사 학위 그리고 지식을 악용한 경우에 속한다.

사전투표에서 전산 프로그램을 이용해서 후보별 득표수를 얼마나 마음대로 주물렀는지를 확인할 수 있는 사례가 〈2-10〉이다. 사전투표장에서 표를 던지는 투표자들의 선택은 전혀 중요하지 않다. 선거 시나리오에 따라, 사전에 결정된 조작값에 따라 마음대로 후보별 득표수를 만들어내고 있는 것이 현재 대한민국의 공직선거의 실상이자, 4·15 총선의 민낯이다.

제3장

만들어진 숫자들

4·15 총선의 핵심은 '만들어진 숫자들'이다. 선관위 발표 후보별 득표수가 만들어진 숫자들'이란 것이다. 숫자를 만들었다는 문장은 능동체이다. 누군가 명확한 의도를 갖고 숫자를 만든 사실을 선관위 스스로가 발표한 후보별 득표수에서 낱낱이 찾아낼 수 있다. 서울 49개 선거구에서 일어난 일이 현재 대한민국 거의 모든 공직선거에서 반복되고 있는 일이다.

1
후보별 가짜 사전투표 득표수

선관위 발표 후보별 사전투표 득표수는 전부 만들어낸 숫자들이다. 후보 사이에 득표수가 이동되도록 짠 조악한 전산 프로그램에 선거구별로 조작값을 입력해서 후보별 득표수를 제조한 다음 이를 발표하였다. 이것은 단순한 추측이나 의견이나 가설이 아니다. 선관위가 발표한 후보별 득표수 자료가 증언하는 내용이다.

선관위 발표 후보별 득표수, 증언

후보별 가짜 득표수를 누가 만들었는가? 얼마만큼 만들었는가? 어떻게 만들었는가? 이 같은 질문에 대한 답은 4·15 총선을 진두지

〈3-1〉 2020 총선(서울), 선관위 발표 득표수(사전투표 득표수 기준)

1	선관위 발표					
2		후보자별 득표수				
3	선거구명	더불어민주당	미래통합당	1	2	1-2
4				조작	조작	차이
5	종로구	30,943	15,108	65.56%	32.01%	33.55%
6	성동구	33,921	19,004	60.56%	33.93%	26.63%
7	중구	31,114	20,624	59.10%	39.18%	19.93%
8	용산구	32,286	23,344	54.81%	39.63%	15.18%
9	광진구 갑	25,800	13,821	61.20%	32.78%	28.42%
10	광진구 을	25,934	17,993	57.81%	40.11%	17.70%
11	동대문구 갑	24,857	14,190	59.63%	34.04%	25.59%
12	동대문구 을	22,280	12,988	59.91%	34.92%	24.99%
13	중랑구 갑	25,711	12,481	63.03%	30.60%	32.44%
14	중랑구 을	32,291	15,379	65.39%	31.14%	34.25%
15	성북구 갑	40,125	17,681	66.97%	29.51%	37.46%
16	성북구 을	31,313	14,809	65.73%	31.09%	34.65%
17	강북구 갑	23,428	11,938	63.66%	32.44%	31.22%
18	강북구 을	24,021	9,213	70.95%	27.21%	43.74%
19	도봉구 갑	23,117	12,780	60.56%	33.48%	27.08%
20	도봉구 을	22,795	14,581	59.60%	38.13%	21.48%
21	노원구 갑	22,699	11,254	63.66%	31.56%	32.10%
22	노원구 을	28,897	12,323	68.88%	29.37%	39.51%
23	노원구 병	25,326	16,078	59.23%	37.60%	21.63%
24	은평구 갑	41,822	16,458	70.04%	27.56%	42.48%
25	은평구 을	36,445	16,522	64.12%	29.07%	35.05%
26	서대문구 갑	22,588	12,973	59.82%	34.36%	25.46%
27	서대문구 을	27,011	12,483	66.99%	30.96%	36.03%
28	마포구 갑	25,397	14,042	63.09%	34.88%	28.21%
29	마포구 을	32,508	15,164	61.38%	28.63%	32.75%

휘했던 조해주, 전임 사무총장 김세환 그리고 현재 사무총장 박찬진과 선관위 고위인사들과 실무진들의 몫이다. 지금까지 밝혀진 사실만으로도 그냥 깔아뭉개고 넘어갈 수 없는 사안이다. 그런데 지금

30	양천구 갑	36,139	22,145	59.84%	36.67%	23.17%
31	양천구 을	31,035	16,564	63.78%	34.04%	29.74%
32	강서구 갑	28,168	13,948	62.99%	31.19%	31.80%
33	강서구 을	29,825	16,644	62.74%	35.01%	27.73%
34	강서구 병	31,261	13,580	66.92%	29.07%	37.85%
35	구로구 갑	32,627	16,463	61.81%	31.19%	30.62%
36	구로구 을	26,371	12,606	64.06%	30.62%	33.44%
37	금천구	29,219	15,305	55.55%	29.09%	26.45%
38	영등포 갑	33,957	16,192	63.78%	30.41%	33.36%
39	영등포 을	23,150	14,354	58.05%	36.00%	22.06%
40	동작구 갑	33,323	18,736	62.33%	35.05%	27.28%
41	동작구 을	29,942	18,543	59.63%	36.93%	22.70%
42	관악구 갑	40,133	17,645	59.98%	26.37%	33.61%
43	관악구 을	35,293	19,991	60.64%	34.35%	26.29%
44	서초구 갑	21,396	24,352	46.15%	52.53%	-6.38%
45	서초구 을	29,988	24,797	53.64%	44.35%	9.28%
46	강남구 갑	18,213	18,311	48.53%	48.79%	-0.26%
47	강남구 을	22,320	17,977	53.72%	43.27%	10.45%
48	강남구 병	16,682	21,343	43.04%	55.07%	-12.03%
49	송파구 갑	26,688	20,853	55.32%	43.22%	12.09%
50	송파구 을	29,235	23,066	53.78%	42.43%	11.35%
51	송파구 병	35,363	20,884	59.93%	35.39%	24.54%
52	강동구 갑	36,245	24,211	58.91%	39.35%	19.56%
53	강동구 을	27,146	15,305	61.46%	34.65%	26.81%
54	합계	1,416,348	817,046	60.58%	35.09%	25.49%
55						
56		46	3			
57						

부터 선관위 발표 후보별 득표수 분석을 통해 드러난 사실을 공개한다. "이것은 엄청난 범죄다"라는 단 한 문장으로 요약할 수 있다.

지금부터 4·15 총선의 49개 서울 선거구에서 만들어낸 후보별 득표수를 착실히 점검할 것이다. 〈3-1〉은 4·15 총선 당시 당선자와 낙선자를 결정하는 데 사용된 선관위 발표 후보별 득표수이다. 중앙선관위가 발표한 공식적이고 최종적인 선거 데이터이다.

선거구별로 민주당 후보의 사전투표 득표수, 미래통합당 후보의 사전투표 득표수가 왼쪽으로부터 두 칸에 걸쳐 소개된다. 그다음에 세 번째 칸은 민주당 후보의 사전투표 득표율(1 조작)과 통합당 후보의 사전투표 득표율(2 조작)이다. 마지막으로 민주당 후보와 통합당 후보의 사전투표 득표율 차이(1-2 차이)가 있다.

여기서도 주의할 점은 무소속 후보들을 모두 제외해버리고 두 후보만 비교했기 때문에 선관위 발표 후보별 득표수에서 다소 오차가 있다는 점이다. 따라서 〈3-1〉은 득표수 조작을 대략적으로 이해하는 데 사용할 수 있다.

민주당 후보는 49개 선거구 전부에서 압승하였음을 알 수 있다. '1-2 차이'는 상식만으로도 조작이란 단어 이외에는 어떤 표현을 사용할 수 없다. 5번 종로구에서 이낙연(민주당)과 황교안(통합당) 양 후보의 사전투표 득표율 차이는 33.55%이다. 무지막지하게 민주당 후보에게 사전투표 득표수를 더해주고 통합당 후보에게서 사전투표 득표수를 빼앗아서 만든 숫자임을 의심하게 된다.

이낙연(민주당)은 종로구의 당일투표에서 3%(이낙연 50%, 황교안 47%)를 앞섰을 뿐이다. 그런데 〈3-1〉의 사전투표 결과를 보면, 무려 33.55%(이낙연 65.56%, 황교안 32.01%)만큼 앞섰다. 4박 5일 차이를 두고 진행되는 사전투표와 당일투표에서 이렇게 큰 차이가 날 수 없다. 사전투표 득표수 증감 작업 이외에는 달리 설명할 길이 없다.

종로구의 사전투표 투표자수는 4만 7,200명, 당일투표 투표자수는 4만 8,089명이다. 각각 5만여 명으로 구성되는 표본집단의 수는 통계학에서 선거 이외에는 찾기 힘든 표본의 수가 아주 큰 표본집단이다. 이런 경우에 통계학 대수의 법칙은 이렇게 명령한다.

"표본의 수가 큰 경우에는 표본집단의 특성과 모집단의 특성은 같거나 비슷해야 한다. 특히 선거처럼 표본의 수가 큰 경우라면 총투표 투표자로 구성되는 모집단(9만 5,239명), 사전투표 투표자로 구성되는 사전투표 표본집단(4만 7,200명), 당일투표자로 구성되는 당일투표 표본집단(4만 8,089명)의 통계적 특성은 같거나 비슷해야 한다. 이는 후보별 사전투표 득표율과 당일투표 득표율이 같거나 오차범위(0~3%) 이내에 있을 정도로 비슷해야 하는 것을 뜻한다."

종로구는 물론이고 서울의 49개 선거구에서 모두 통계학의 근본법칙을 크게 위반하는 사례가 나왔다. 사전투표가 정상적인 투표라면 당일투표 격차 3%와 같거나 비슷한 크기의 차이가 나야 한다. 그런데 당일투표 격차 3%의 10배가 넘는 33.55%의 차이가 사전투표에서 벌어지고 말았다. 이것은 사전투표 득표수를 특정 후보에게 증가시켜주고, 다른 특정 후보에게 감소시키는 사전투표 득표수 조작을 강행하지 않고선 일어날 수 없는 일이다. 전산조작의 실체를 이해하는 분들이라면 황교안의 사전투표 득표수를 빼앗고, 이낙연에게 사전투표 득표수를 더해주는 결과물임을 벌써 눈치챘을 것이다.

조작 입증, 더 이상 증거 필요하지 않아

전산조작에 의한 후보별 득표수 조작을 입증하는 데 양 후보의 사전투표 득표율 차이(1-2)를 두 눈으로 확인하는 것 외에 무엇이 더 필요하겠는가! 표를 쑤셔 넣어준 민주당 후보는 항상 플러스 값을 갖고, 표를 빼앗긴 통합당 후보는 항상 마이너스 값을 갖는다. 차이의 크기는 무지막지하다 할 정도로 큰 값을 갖는다. 당연한 일이다. 한쪽은 더해주고 다른 한쪽은 빼앗기 때문에 양 후보 사이의 사전투표 득표율 차이(민주당-통합당)는 더욱더 확대될 수밖에 없다.

〈3-2〉에서 양 후보의 사전투표 득표율 차이값의 크기와 당일투표 득표율 차이값을 상호 비교하면 더더욱 선거사기범들과 전산조작범들이 무슨 짓을 했는지를 명확하게 한 번 더 확인할 수 있다. 위에서부터 6개 선거구만 정리하면 다음과 같다.

사전투표가 정상적인 투표라면 후보 간 당일투표 차이와 사전투표 차이는 같거나 비슷해야 한다. 그러나 한눈에 보기에도 사전투표 득표율 격차는 너무 크다. 종로구의 경우는 사전투표 득표율 격차가 10배가 넘는다. 민주당 후보에게는 표를 더해주고, 통합당 후보에게서는 표를 빼앗았기 때문에 당연히 차이값(민주당 사전투표 득표율-통합당 사전투표 득표율)은 커질 수밖에 없다. 얼마나 표를 쑤셔 넣

〈3-2〉 2020(서울), 사전투표 조작

	사전투표 득표율 격차 (민주당-통합당)	당일투표 득표율 격차 (민주당-통합당)
종로구	+33.55%	+3%
성동구	+26.63%	+3%
중구	+19.93%	-6%
용산구	+15.18%	-13%
광진구갑	+28.42%	+3%
광진구을	+17.70%	-9%

었는지, 오차범위를 크게 벗어나는 15.18~33.55%만큼의 차이가 나왔다.

또 한 가지 주목할 만한 것은 당일투표 득표율 격차에서 마이너스 값은 통합당 후보가 승리한 것을 뜻한다는 점이다. 중구 지상욱 -6%, 용산구 권영세 -13%, 그리고 광진구을 오세훈 -9%는 모두 통합당 후보가 당일투표에서 승리한 것을 뜻한다. 압도적으로 당일투표에서 승리를 거둔 용산구 권영세를 제외한 중구 지상욱과 광진구을 오세훈은 사전투표 조작으로 패배하고 말았다. 지상욱과 오세훈은 당일투표 격차 -6%와 -9%를 낼 정도로 상당한 규모로 당일투표에서 승리하였다. 그럼에도 불구하고 사전투표 조작으로 승부가 바뀐 곳이 중구(지상욱)와 광진구을(오세훈)이다.

전산 프로그램을 가동하고 변수인 조작값을 이용해서 선관위 발표 후보별 득표수가 만들어지지 않고선 사전투표 득표율 격차가 이렇게 크게 나올 수 없다. 이걸 보고도 침묵하는 사람들은 사람이 아니라 그냥 짐승과 동급이라고밖에 볼 수 없다. 이런 숫자를 보고도 "부정선거 없다"고 외치는 사람이라면 금수와 동급이라고밖에 볼 수 없다.

사전투표 득표율 격차, 25.49%

민주당 후보 사전투표 득표율에서 통합당 후보 사전투표 득표율을 뺀 평균값은 25.49%이다. 〈3-1〉 하단의 가장 오른쪽에 있는 수치다. 49개 선거구에서 민주당 후보가 사전투표 투표자수의 25.49%

만큼의 표를 더 얻었다는 이야기다. 이것은 사전투표 조작을 위해 이만큼의 득표수 증감 작업이 있었음을 뜻한다. 참고로 21대 총선의 서울 전역 사전투표 투표자수는 233만 7,550명이다. 이 가운데 25.49%는 약 59만 5,841명이다. 사전투표 투표자수에는 각 후보별 득표수에다 기권표 및 무효표 등이 포함된다.

49개 선거구에서 민주당 후보와 통합당 후보가 얻은 사전투표 득표율의 평균값은 각각 60.58%와 35.09%이다. 무지막지하다는 표현을 사용할 수밖에 없을 정도로 각 후보의 사전투표 득표율의 평균값이 차이가 날 수 있다는 말인가! 민주당 후보에게는 표를 듬뿍 더해주고, 통합당 후보에게서는 표를 빼앗아버리는 일을 조직적이고 체계적으로 단행하지 않는 한 이 같은 후보별 득표율 차이가 날 수 없다.

사전투표에 대한 득표수 증감 작업으로 민주당은 압승하였다. 49개 선거구 가운데 서초구갑, 강남구갑 그리고 강남구병을 제외한 46개 선거구에서 민주당 후보의 득표수는 통합당 후보의 득표수를 능가하고 있다. 민주당 후보가 승리한 선거구는 흐릿한 명암으로 표시되어 있다.

무자비한 사전투표 조작이 있었음에도 불구하고 서초구갑, 강남구갑 그리고 강남구병에서는 통합당 후보가 근소한 차이로 앞섰다. 통합당 후보가 승리한 지역은 흐릿한 명암으로 표시되어 있다. 주목할 만한 점은 49개 선거구에서 득표수 기준으로 통합당 후보가 앞선 곳은 3개 선거구밖에 없다는 사실이다. 그리고 이들 지역만이 후보별 사전투표 득표율 차이(민주당-통합당)가 마이너스 값을 갖는다. 서초구갑 -6.38%, 강남구갑 -0.26%, 그리고 강남구병 -12.03%이다.

〈3-1〉은 선거구별로 후보별 득표수 격차와 득표율 격차를 동시에 보여주고 있다. 지금까지 우리에게 익숙한 차이값(사전투표 득표율-당일투표 득표율) 그래프에 더해서 〈3-1〉은 사전투표 조작의 실상을 더 생생하게 확인할 수 있게 해준다. 사전투표 득표수를 보더라도, 그리고 사전투표 득표율을 보더라도 인위적이고 조직적인 득표수 증감 작업의 실상을 확인할 수 있다.

더블 스코어까지는 가지 않았지만, 후보 사이에 사전투표 득표율 격차가 어떻게 25.49%가 나올 수 있을까? 더블 스코어가 되려면, 민주당 후보가 얻은 사전투표 득표율 평균값 60.58%의 절반인 30.29% 이하로 통합당 후보의 사전투표 득표율이 나와야 한다. 실제로 통합당 후보가 얻은 사전투표 득표율 평균값은 35.09%이다. 더블 스코어까지는 나지 않았지만, 이에 가까운 사전투표 득표율 격차가 난 셈이다. 정상적인 투표에서는 도저히 나올 수 없는 수치다.

사전투표나 당일투표는 모두 상대가 있는 스포츠 게임과 같은 시합에 비유할 수 있다. 〈3-1〉이 우리에게 이야기하는 것은 사전투표라는 시합에서 통합당 후보는 민주당 후보에게 전혀 적수가 되지 않았다는 이야기다. 49개 선거구 가운데 46개에서는 시합다운 시합이 치러지지 않았다는 이야기다. 사전투표 득표수를 만지지 않고선 이런 일은 일어나기 힘들다.

결국 각 후보가 받은 사전투표 득표수를 투표자들이 결정하지 않았다. 대신에 선거사기범들과 전산조작범들이 정한 목표에 따라 후보별 사전투표 득표수를 인위적으로 증가시키고 감소시킨 것이 4·15 총선이 가진 문제의 핵심이다.

2
후보별 진짜 사전투표 득표수

4·15 총선의 진실성 여부는 선관위 발표 후보별 득표수에서 득표수 증감에 사용된 조작값을 찾아낼 수 있는가에 크게 좌우된다. 조작값을 찾아낸 다음에 진짜 후보별 득표수를 복원할 수 있다면, 4·15 총선은 100% 전산조작에 의한 사전투표 득표수 증감 작업이 광범위하게 실행에 옮겨졌음을 확정할 수 있다.

진짜 사전투표 득표수, 복원

4·15 총선에서 찾아낸 조작값에 대해서는 조금 있다가 상세히 다룰 예정이다. 선관위가 발표한 후보별 득표수에 자료에서 찾아낸

조작값을 이용해서 후보별 진짜 득표수 복원이 가능하였다. 〈3-3〉의 좌측은 선관위 발표 후보별 득표수이다. 우측은 찾아낸 조작값을 이용해서 사전투표 조작, 즉 후보별 득표수 증감을 제거한 상태에서의 사전투표 득표수이다.

좌측은 후보별 가짜 득표수이다. 우측은 후보별 진짜 득표수 추정치다. 좌측은 득표수 조작으로 인해 민주당 후보의 사전투표 득표수는 부풀려진 상태이며, 통합당 후보의 사전투표 득표수는 쪼그라든 상태이다. 우측은 조작값을 활용해서 조작된 상태를 조작이 제거된 상태로 복원시킨 진짜 후보별 득표수이다.

가짜 후보별 득표수나 진짜 후보별 득표수나 간에 모든 기초와 근거는 선관위가 발표한 후보별 득표수임을 다시 한번 분명히 할 필요가 있다. 선거사기범들이나 전산조작범들은 선관위 발표 후보별 사전투표 득표수를 이렇게 정밀 분석해서 어떻게 득표수를 조작했는지를 찾아내리라곤 꿈에도 생각하지 못하였을 것이다. 그들은 완전범죄가 얼마든지 가능하다고 생각했기 때문에 4·15 총선에서 화끈하고 노골적인 사전투표 조작을 밀어붙였다.

사실 어느 누가 선관위 발표 후보별 득표수에 의문을 갖고 그것을 파헤칠 수 있겠는가! 바로 이 방대한 일을 재야 전문가가 맡아서 수행하였다. 예상한 일이지만, 선관위 발표 후보별 사전투표 득표수를 파헤치는 작업이 진행되면서, 선거사기범들과 전산조작범들이 어떤 기획 시나리오에 따라 후보별 사전투표 득표수를 조작하였는지를 낱낱이 밝힐 수 있었다.

여러분이 읽고 있는 이 책의 주요 내용은 어떤 조작이 있었는가에 대한 것이다. 〈3-3〉은 49개 선거구마다 득표수 증감이 포함된 선

〈3-3〉 2020 총선(서울), 진짜 득표수 추정치(사전투표 득표수 기준)

1	선관위 발표				
2		후보자별 득표수		후보자별 득표수	
3	선거구명	더불어민주당	미래통합당	더불어민주당	미래통합당
4					
5	종로구	30,943	15,108	24,144	21,907
6	성동구	33,921	19,004	27,270	25,655
7	중구	31,114	20,624	23,896	27,842
8	용산구	32,286	23,344	24,116	31,514
9	광진구 갑	25,800	13,821	20,963	18,658
10	광진구 을	25,934	17,993	19,636	24,291
11	동대문구 갑	24,857	14,190	19,891	19,157
12	동대문구 을	22,280	12,988	17,734	17,534
13	중랑구 갑	25,711	12,481	21,343	16,849
14	중랑구 을	32,291	15,379	26,908	20,762
15	성북구 갑	40,125	17,681	33,937	23,869
16	성북구 을	31,313	14,809	26,130	19,992
17	강북구 갑	23,428	11,938	19,250	16,116
18	강북구 을	24,021	9,213	20,796	12,438
19	도봉구 갑	23,117	12,780	18,644	17,253
20	도봉구 을	22,795	14,581	17,692	19,684
21	노원구 갑	22,699	11,254	18,760	15,193
22	노원구 을	28,897	12,323	24,584	16,636
23	노원구 병	25,326	16,078	19,699	21,705
24	은평구 갑	41,822	16,458	36,062	22,218
25	은평구 을	36,445	16,522	30,662	22,305
26	서대문구 갑	22,588	12,973	18,047	17,514
27	서대문구 을	27,011	12,483	22,642	16,852
28	마포구 갑	25,397	14,042	20,482	18,957
29	마포구 을	32,508	15,164	24,926	22,746

30	양천구 갑	36,139	22,145	28,388	29,896
31	양천구 을	31,035	16,564	25,238	22,361
32	강서구 갑	28,168	13,948	23,286	18,830
33	강서구 을	29,825	16,644	24,000	22,469
34	강서구 병	31,261	13,580	26,508	18,333
35	구로구 갑	32,627	16,463	26,865	22,225
36	구로구 을	26,371	12,606	21,959	17,018
37	금천구	29,219	15,305	23,862	20,662
38	영등포 갑	33,957	16,192	27,480	22,669
39	영등포 을	23,150	14,354	17,408	20,096
40	동작구 갑	33,323	18,736	26,765	25,294
41	동작구 을	29,942	18,543	23,452	25,033
42	관악구 갑	40,133	17,645	31,311	26,468
43	관악구 을	35,293	19,991	28,296	26,988
44	서초구 갑	21,396	24,352	14,090	31,658
45	서초구 을	29,988	24,797	22,549	32,236
46	강남구 갑	18,213	16,311	12,720	23,804
47	강남구 을	22,320	17,977	16,927	23,370
48	강남구 병	16,682	21,343	10,279	27,746
49	송파구 갑	26,688	20,853	20,432	27,109
50	송파구 을	29,235	23,066	22,315	29,986
51	송파구 병	35,363	20,884	29,098	27,149
52	강동구 갑	36,245	24,211	28,982	31,474
53	강동구 을	27,146	15,305	21,789	20,662
54	합계	1,416,348	817,046	1,132,212	1,101,182
55					
56		46	3	33	3

관위 발표 후보별 사전투표 득표수와 조작된 득표수를 제거한 진짜 사전투표 득표수 추정치를 상호 비교하고 있다. 여러분은 각 선거구마다 민주당 후보에게 얼마큼의 득표수가 더해졌는지와 통합당 후

보에게서 얼마큼의 득표수를 빼앗았는지를 계산해낼 수 있다. 여기서도 군소후보들을 모두 제외하고 양 후보만을 다루었기 때문에 선관위 발표 후보별 사전투표 득표수에서 다소 오차가 있음을 염두에 두어야 할 것이다.

예를 들어 용산구의 경우 민주당 후보의 선관위 발표 사전투표 득표수 3만 2,286표, 통합당 후보의 선관위 발표 사전투표 득표수 2만 3,344표이다. 이 숫자가 모두 '만들어진 숫자', 즉 '조작된 숫자'라는 것이 중요하다. 인위적으로 강행된 사전투표 득표수 증감 작업을 수정하고 나면 민주당 후보의 진짜 사전투표 득표수 2만 4,116표, 통합당 후보의 진짜 사전투표 득표수 3만 1,514표로 바뀌게 된다. 결과적으로 민주당 후보에게는 +8,170표가 더해진 반면에 통합당 후보는 -8,170표를 빼앗겼다. 용산구에서 이루어진 사전투표 조작규모는 8,170표의 2배인 1만 6,340표이다. 이렇게 심한 득표수 조작이 있었음에도 불구하고 용산구에 출마했던 권영세(통합당)는 불과 890표 차이로 간신히 승리하였다. 진짜 사전투표 득표수 추정치에 따르면 실제로 권영세는 1만 7,231표로 승리한 선거였다.

지상욱(통합당)이 억울하게 패배한 중구의 경우에 민주당 후보는 실제로는 2만 3,896표밖에 얻지 못했지만, 선관위 발표 민주당 후보 사전투표 득표수는 무려 3만 1,114표나 된다. 민주당 후보에게 더해진 득표수는 7,218표이다. 사전투표 조작에 동원된 사전투표 득표수는 2배인 1만 4,436표이다. 이 정도로 조작을 하면 어느 후보가 당선될 수 있겠는가! 지상욱(통합당)은 중구에서 진짜 사전투표 득표수 추정치에 따르면 8,666표 차이로 승리한 선거였다. 하지만 사전투표 조작으로 인해 5,771표 차이로 패배하고 말았다.

한편 〈3-3〉의 하단에는 주목할 만한 숫자가 등장한다. 선관위는 민주당 후보들이 서울 전역의 사전투표에서 141만 6,348표를 얻었다고 발표하였다. 그러나 진짜 사전투표 득표수를 추정해보니까 113만 2,212표에 지나지 않았다. 49개 선거구에서 약 28만 4,136표가 더해졌다는 이야기다.

반면 통합당 후보에 대해 선관위는 49개 선거구에서 81만 7,046표밖에 얻지 못했다고 발표하였다. 그러나 진짜 득표수를 추정해보니까 110만 1,182표를 받았음을 확인할 수 있었다. 통합당 후보가 28만 4,136표를 빼앗겼음을 알 수 있다. 이만큼의 득표수가 전산적으로 민주당 후보에게 이동하였음을 확인할 수 있다.

여러분은 서울의 49개 선거구마다 왼쪽의 선관위 발표 후보별 사전투표 득표수와 사전투표 조작을 제거한 오른쪽의 선관위 발표 후보별 사전투표 득표수를 상호 비교를 통해 민주당 후보에게는 몇 표가 더해졌는지, 그리고 통합당 후보는 몇 표를 빼앗겼는지를 계산할 수 있다. 다시 한번 강조하고 싶은 것은 왼쪽은 '만들어진 숫자'이고 후보별 가짜 사전투표 득표수란 사실이다. 그리고 오른쪽은 조작값을 이용해서 사전투표 조작이 없는 후보별 진짜 사전투표 득표수 추정치임을 기억해야 할 것이다. 다만 두 후보만을 비교하는 과정에서 군소후보들을 모두 제거해버렸기 때문에 선관위 발표 후보별 득표수에서 다소의 오차가 있음은 염두에 두어야 할 것이다.

사전투표 득표수와 득표율을 집중적으로 파고들면 서울의 49개 선거구에서 어떤 일들이 일어났는가를 다양한 각도로 파악할 수 있다. 〈3-4〉의 왼쪽은 선관위 발표 후보별 득표율이다. 오른쪽은 진짜 사전투표 득표율 추정치다. 왼쪽과 오른쪽을 상호 비교하는 일은 조작된 상태의 사전투표와 조작되지 않은 상태의 사전투표가 얼마나 큰 차이가 나는지를 말하고 있다.

왼쪽은 이미 충분히 설명한 바가 있다. 선관위 발표 후보별 득표수에 기초한 후보 간 사전투표 득표율은 어마어마한 규모이다. 종로구는 민주당 후보 사전투표 득표율 65.56%와 통합당 후보 사전투표 득표율 32.01%의 차이값이 33.55%나 된다.

오른쪽의 종로구 민주당 후보 진짜 사전투표 득표율 51.15%와 통합당 후보 진짜 사전투표 득표율 46.41%이다. 종로구의 세 번째 14.40%와 네 번째 -7.20%는 조금 주의 깊은 이해가 필요하다. 종로구의 세 번째 14.40%는 민주당 후보의 가짜 사전투표 득표율 65.56%에서 진짜 사전투표 득표율 51.15%를 뺀 값이 14.40%이다. 이것은 선관위 발표 이낙연 사전투표 득표율이 진짜 사전투표 득표율에 비해 얼마만큼 뻥튀기되어 있는가를 말한다. 다시 말하면 사전투표 투표자수 기준으로 전산조작범들이 얼마만큼 사전투표 득표수 증가로 득표율을 증가시켰는가를 말한다.

또한 종로구의 네 번째 -7.20%는 통합당 후보의 가짜 사전투표 득표율 32.01%에서 진짜 사전투표 득표율 46.41%를 뺀 값이다. 이것은 선관위 발표 황교안 사전투표 득표율이 진짜 사전투표 득표율에 비해 얼마만큼 줄어들었는가를 말한다. 다시 말하면 사전투표 투표자수 기준으로 전산조작범들이 얼마만큼 사전투표 득표수 감소로 득표율을 줄였는가를 말한다. 황교안이 사전투표 투표자수 기준으로 빼앗긴 사전투표 득표율을 말한다.

종로구의 세 번째 14.40%는 민주당 후보의 선관위 발표 후보별 사전투표 득표율이 진짜 사전투표 득표율에 비해 얼마나 부풀려진 상태인가를 말하고 있다. 이렇게 득표율을 부풀리게 만드는 데 필수적인 것이 통합당 후보로부터 -7.20%를 빼앗는 것이다. 빼앗은 만큼 +7.20%를 민주당 후보에게 더해주는 것이다. 조작규모는 빼앗은 -7.20%의 2배인 14.40%이다.

〈3-4〉의 하단에서 선관위 발표 후보별 득표수에 기초한 후보별 사전투표 득표율 평균값 25.49%를 확인할 수 있다. 반면 후보별 진짜 사전투표 득표율 격차는 불과 1.15%에 지나지 않는다. 사전투표 조작이 없는 경우 통합당 후보는 49개 선거구에서 평균적으로 48.41%를 얻었다. 반면 통합당 후보는 47.26%를 얻었다. 차이는 1.15%에 불과하다. 정상적인 사전투표가 이루어졌다면 이처럼 양당 후보 사이에 격차는 작아야 한다. 25.49%처럼 터무니없는 숫자가 나올 수 없다. 이는 민주당 후보에게 표를 더해주고, 통합당 후보에게서 표를 빼앗는 일이 체계적이고 조직적으로 이루어졌기 때문에 일어난 일이라 할 수 있다.

오른쪽에서 마지막 두 개의 숫자에 대해서는 추가적인 설명이 필요하다. 12.17%는 무엇을 말하는가? -6.08%는 무엇을 말하는가? 각 후보의 사전투표 조작 이전과 이후의 득표율 격차를 말한다. 12.17%의 의미는 사전투표 득표율 기준으로 민주당 후보의 조작 이

〈3-4〉 2020 총선(서울), 조작 vs 정상(사전투표 득표율 기준)

1	선관위 발표							
2								
3	선거구명	1	2	1-2	1	2		
4		조작	조작	차이	수정	수정	1.2의 차이는 조작 %	
5	종로구	65.56%	32.01%	33.55%	51.15%	46.41%	14.40%	7.20%
6	성동구	60.56%	33.93%	26.63%	48.69%	45.81%	11.88%	5.94%
7	중구	59.10%	39.18%	19.93%	45.39%	52.89%	13.71%	6.86%
8	용산구	54.81%	39.63%	15.18%	40.94%	53.50%	13.87%	6.94%
9	광진구 갑	61.20%	32.78%	28.42%	49.73%	44.26%	11.47%	5.74%
10	광진구 을	57.81%	40.11%	17.70%	43.77%	54.14%	14.04%	7.02%
11	동대문구 갑	59.63%	34.04%	25.59%	47.71%	45.95%	11.91%	5.96%
12	동대문구 을	[illegible]	34.92%	24.99%	47.69%	47.15%	12.22%	6.11%
13	중랑구 갑	63.03%	30.60%	32.44%	52.32%	41.31%	10.71%	5.35%
14	중랑구 을	65.39%	31.14%	34.25%	54.49%	42.04%	10.90%	5.45%
15	성북구 갑	66.97%	29.51%	37.46%	56.64%	39.84%	10.33%	5.16%
16	성북구 을	65.73%	31.09%	34.65%	54.85%	41.97%	10.88%	5.44%
17	강북구 갑	63.66%	32.44%	31.22%	52.31%	43.79%	11.35%	5.68%
18	강북구 을	70.95%	27.21%	43.74%	61.43%	36.74%	9.52%	4.76%
19	도봉구 갑	60.56%	33.48%	27.08%	48.84%	45.20%	11.72%	5.86%
20	도봉구 을	59.60%	38.13%	21.48%	46.26%	51.47%	13.34%	6.67%
21	노원구 갑	63.66%	31.56%	32.10%	52.61%	42.61%	11.05%	5.52%
22	노원구 을	68.88%	29.37%	39.51%	58.60%	39.66%	10.28%	5.14%
23	노원구 병	59.23%	37.60%	21.63%	46.07%	50.77%	13.16%	6.58%
24	은평구 갑	70.04%	27.56%	42.48%	60.39%	37.21%	9.65%	4.82%
25	은평구 을	64.12%	29.07%	35.05%	53.94%	39.24%	10.17%	5.09%
26	서대문구 갑	59.82%	34.36%	25.46%	47.80%	46.38%	12.02%	6.01%
27	서대문구 을	66.99%	30.96%	36.03%	56.16%	41.80%	10.84%	5.42%
28	마포구 갑	63.09%	34.88%	28.21%	50.88%	47.09%	12.21%	6.10%
29	마포구 을	61.38%	28.63%	32.75%	47.07%	42.95%	14.32%	7.16%

전과 이후의 차이가 무려 12.17%임을 말한다. 서울 전역에서 평균적으로 민주당 후보는 사전투표 투표자수 기준으로 12.17%만큼 사전투표 득표율이 뻥튀기되어 있음을 말한다.

그렇다면 -6.08%의 의미는 무엇인가? 사전투표 득표율 기준으로 12.17%의 격차가 났다면, 전산조작의 특성상 그 절반에 해당하는 -6.08%를 통합당 후보에게서 빼앗아 +6.08%를 민주당 후보에게 더

30	양천구 갑	59.84%	36.67%	23.17%	47.01%	49.50%	12.83%	6.42%
31	양천구 을	63.78%	34.04%	29.74%	51.86%	45.95%	11.91%	5.96%
32	강서구 갑	62.99%	31.19%	31.80%	52.07%	42.11%	10.92%	5.46%
33	강서구 을	62.74%	35.01%	27.73%	50.48%	47.26%	12.25%	6.13%
34	강서구 병	66.92%	29.07%	37.85%	56.74%	39.24%	10.17%	5.09%
35	구로구 갑	61.81%	31.19%	30.62%	50.90%	42.11%	10.92%	5.46%
36	구로구 을	64.06%	30.62%	33.44%	53.34%	41.34%	10.72%	5.36%
37	금천구	55.55%	29.09%	26.45%	45.36%	39.28%	10.18%	5.09%
38	영등포 갑	63.78%	30.41%	33.36%	51.61%	42.57%	12.16%	6.08%
39	영등포 을	58.05%	36.00%	22.06%	43.66%	50.40%	14.40%	7.20%
40	동작구 갑	62.33%	35.05%	27.28%	50.06%	47.31%	12.27%	6.13%
41	동작구 을	59.63%	36.93%	22.70%	46.71%	49.85%	12.93%	6.46%
42	관악구 갑	59.98%	26.37%	33.61%	46.79%	39.56%	13.19%	6.59%
43	관악구 을	60.64%	34.35%	26.29%	48.62%	46.37%	12.02%	6.01%
44	서초구 갑	46.15%	52.53%	-6.38%	30.39%	68.29%	15.76%	7.88%
45	서초구 을	53.64%	44.35%	9.28%	40.33%	57.66%	13.31%	6.65%
46	강남구 갑	48.53%	48.79%	-0.26%	33.89%	63.43%	14.64%	7.32%
47	강남구 을	53.72%	43.27%	10.45%	40.74%	56.25%	12.98%	6.49%
48	강남구 병	43.04%	55.07%	-12.03%	26.52%	71.59%	16.52%	8.26%
49	송파구 갑	55.32%	43.22%	12.09%	42.35%	56.19%	12.97%	6.48%
50	송파구 을	53.78%	42.43%	11.35%	41.05%	55.16%	12.73%	6.36%
51	송파구 병	59.93%	35.39%	24.54%	49.31%	46.01%	10.62%	5.31%
52	강동구 갑	58.91%	39.35%	19.56%	47.11%	51.16%	11.81%	5.90%
53	강동구 을	61.46%	34.65%	26.81%	49.33%	46.78%	12.13%	6.06%
54	합계	60.58%	35.09%	25.49%	48.41%	47.26%	12.17%	6.08%
55								
56					13	사전 승리 가능		

해주었음을 뜻한다. -6.08%는 서울 전역에서 평균적으로 통합당 후보는 사전투표 투표자수 기준으로 -6.08%만큼 사전투표 득표수를 빼앗겼음을 말한다.

예를 들어 성동구의 경우에는 11.88%와 -5.94%라는 두 개의 숫자가 등장한다. 성동구에서 민주당 후보의 사전투표 조작 이전과 이후에 얻은 사전투표 득표율 차이가 11.88%라는 말이다. 그만큼 민주당 후보의 사전투표 득표율이 조작되어 있다는 말이다. 이 가운데 절반은 상대방으로부터 표를 빼앗아야 하고, 그만큼을 더해주기 때문에 통합당 후보에게서 빼앗는 득표율이 -5.94%라는 말이다. 〈3-4〉의 하단에 있는 '13 사전 승리 가능'은 재야 전문가의 분석 결론으로부터 얻을 수 있는 잠정 결론 가운데 하나이다. "사전투표 조작이 없었다면, 서울 49개 선거구 가운데 사전투표에 국한하면 승부가 바뀔 가능성이 있는 곳이 13곳이다"라는 뜻이다.

조작값 발견

선거사기범들을 향해 "너희들 꼼짝 마!"라고 말할 수 있는 것은 무엇일까? 여러 가지 가운데서 으뜸으로 꼽을 수 있는 것은 선관위가 발표한 후보별 득표수에서 정확한 규칙을 발견해낸 것이다. 이것은 그들이 이 같은 규칙에 따라서 후보별 득표수를 제조, 생산했다는 것을 뜻한다.

이 같은 사실이야말로 선거사기범들과 전산조작범들이 가장 숨기고 싶은 것이라고 본다. 자신들의 전산조작에 의한 사전투표 득표수 증감 작전이 낱낱이 세상에 그 모습을 드러내게 되었음을 그들도 알고 있을 것이다. 4·15 총선의 결과는 투표자들이 던진 득표수에 의해 결정된 것이 아니다. 선거사기범들과 전산조작범들이 공모해서 선거일 전에 준비해둔 전산 프로그램과 사전에 결정해둔 조작값을 이용해서 후보별 득표수를 만들었다. 표를 던진 사람들이 4·15 총선 결과를 결정한 것이 아니다. 대신에 표를 세는 자들이 마음대로 4·15 총선 결과를 정하였다.

많은 사람이 무관심할 수 있고, 많은 사람이 의도적으로 깔아뭉갤 수 있다. 그럼에도 불구하고 거부할 수 없는 사실은 4·15 총선의 결과물인 선관위 후보별 득표수가 제조, 생산되었다는 사실이다.

〈3-5〉는 조작값과 조작규모를 생생하게 증언하고 있다. 마지막에 있는 퍼센트가 조작값이다. 종로구 45%는 종로구에서 황교안(통합당)이 얻은 사전투표 득표수 가운데서 45%를 이낙연(민주당)에게로 옮겼음을 뜻한다. 여기서 우리는 《도둑놈들 1》에 나온 내용과 다소 차이가 있음을 확인할 수 있다. 재야 전문가는 기존 분석에서 조작값이 황교안은 물론이고 모든 군소후보들에게서 45%를 훔친 것으로 추정하였다. 이후에 결과를 다시 검토하는 과정에서 군소후보들 표에는 손을 대지 않고 황교안에게서만 45%를 훔쳤다는 사실을 확인하게 된다. 조작값 45%는 황교안이 받은 사전투표 득표수 100표 가운데서 45표를 이낙연이 슬쩍 했다는 이야기다.

한편 성동구의 경우에는 조작값 35%이다. 통합당 후보가 받은 사전투표 득표수 가운데 35장을 민주당 후보가 취하는 전산 프로그램을 가동해서 후보별 득표수를 만들었다는 이야기다.

– **조작값 50%(2곳): 마포구을, 관악구갑**
– **조작값 45%(1곳): 종로구**
– **조작값 35%(37곳): 성동구, 중구, 용산구, 광진구을, 광진구갑, 동대문구갑 등**
– **조작값 30%(9곳): 서초구갑을, 강남구갑을병, 송파구갑을병, 강동구갑 등**

한편 〈3-5〉에서 주목해야 할 또 하나의 정보는 조작규모에 관한 것이다. 종로구에서는 -6,799표를 통합당 후보에게서 빼앗아 +6,799표를 민주당 후보에게 더해주었다. 조작규모는 빼앗은 득

1	선관위 발표				
2		수			
3	선거구명	1		2	1-2
4		조작		조작	실제 조작상수
5	종로구	6,799	-	6,799	45.0%
6	성동구	6,651	-	6,651	35.0%
7	중구	7,218	-	7,218	35.0%
8	용산구	8,170	-	8,170	35.0%
9	광진구 갑	4,837	-	4,837	35.0%
10	광진구 을	6,298	-	6,298	35.0%
11	동대문구 갑	4,967	-	4,967	35.0%
12	동대문구 을	4,546	-	4,546	35.0%
13	중랑구 갑	4,368	-	4,368	35.0%
14	중랑구 을	5,383	-	5,383	35.0%
15	성북구 갑	6,188	-	6,188	35.0%
16	성북구 을	5,183	-	5,183	35.0%
17	강북구 갑	4,178	-	4,178	35.0%
18	강북구 을	3,225	-	3,225	35.0%
19	도봉구 갑	4,473	-	4,473	35.0%
20	도봉구 을	5,103	-	5,103	35.0%
21	노원구 갑	3,939	-	3,939	35.0%
22	노원구 을	4,313	-	4,313	35.0%
23	노원구 병	5,627	-	5,627	35.0%
24	은평구 갑	5,760	-	5,760	35.0%
25	은평구 을	5,783	-	5,783	35.0%
26	서대문구 갑	4,541	-	4,541	35.0%
27	서대문구 을	4,369	-	4,369	35.0%
28	마포구 갑	4,915	-	4,915	35.0%
29	마포구 을	7,582	-	7,582	50.0%

30	양천구 갑	7,751	-	7,751	35.0%
31	양천구 을	5,797	-	5,797	35.0%
32	강서구 갑	4,882	-	4,882	35.0%
33	강서구 을	5,825	-	5,825	35.0%
34	강서구 병	4,753	-	4,753	35.0%
35	구로구 갑	5,762	-	5,762	35.0%
36	구로구 을	4,412	-	4,412	35.0%
37	금천구	5,357	-	5,357	35.0%
38	영등포 갑	6,477	-	6,477	40.0%
39	영등포 을	5,742	-	5,742	40.0%
40	동작구 갑	6,558	-	6,558	35.0%
41	동작구 을	6,490	-	6,490	35.0%
42	관악구 갑	8,823	-	8,823	50.0%
43	관악구 을	6,997	-	6,997	35.0%
44	서초구 갑	7,306	-	7,306	30.0%
45	서초구 을	7,439	-	7,439	30.0%
46	강남구 갑	5,493	-	5,493	30.0%
47	강남구 을	5,393	-	5,393	30.0%
48	강남구 병	6,403	-	6,403	30.0%
49	송파구 갑	6,256	-	6,256	30.0%
50	송파구 을	6,920	-	6,920	30.0%
51	송파구 병	6,265	-	6,265	30.0%
52	강동구 갑	7,263	-	7,263	30.0%
53	강동구 을	5,357	-	5,357	35.0%
54	합계	5,799	-	5,799	

표수의 2배인 1만 3,598표이다. 성동구에서도 통합당 후보에게서 -6,651표를 빼앗아 민주당 후보에게 +6,651표를 더해주었다. 조작규모는 1만 3,302표이다. 여기서도 주의해야 할 점은 군소후보들을 모

두 제외해버렸기 때문에 총득표수 기준이나 사전투표 기준에서 몇 표 정도의 오차가 발생할 수 있다는 점이다.

이처럼 조작값의 발견과 조작규모의 추계는 49개 선거구에서 사전투표 득표수 증감 작업이 어떻게 이루어졌는지를 생생하게 증언하고 있다. 분명한 사실은 그들이 사전투표를 전산적으로 조작하지 않았다면, 선관위 발표 후보별 득표수로부터 어떤 규칙을 찾아낼 수 없었을 것이란 점이다. '만들어진 숫자'가 아닌데 어느 누가 숫자 더미에서 규칙을 찾아낼 수 있겠는가?

'만들어진 숫자들', 바로 이것이 4·15 총선에서 선거 사기질에 직접 혹은 간접으로 간여했던 인물들의 아킬레스건이라 할 수 있다. 선관위 발표 후보별 득표수는 이미 발표된 숫자들이기 때문에 이를 어떻게 해볼 도리가 없다. 그렇다면 그들이 이제 해야 하는 일은 중앙선관위가 발표한 후보별 득표수가 '만들어진 숫자'가 아님을 입증하는 일이다. 자연수이지 결코 작위적으로 제조, 생산된 숫자가 아니라는 것을 중앙선관위가 입증하면 그것으로 그들이 승리를 거둘 수 있다.

천금을 들여서 노벨상 수상자를 모셔오더라도 자연수가 아닌 것을 자연수로 둔갑시킬 수는 없는 일이다. 물론 선거사기범들과 전산조작범들의 주 전공 분야가 조작이란 것은 알 만한 사람들은 잘 안다. 이벤트와 조작을 통해 선거일 이전에 여론을 마사지하고, 그다음에 그것에 걸맞은 선거 데이터를 제조, 생산, 유통하는 것이 그들에게 익숙한 일임을 잘 안다. 그러나 그들이 이미 공표한 숫자에서 정확한 수학적 관계식을 찾아낸 것을 어떻게 변호할 수 있겠는가?

그들이 4·15 총선 개표날과 그 이튿날 새벽까지 무슨 짓을 했는가는 모두가 선관위 발표 후보별 득표수에 깊이 각인되어 있다. 특히 사전투표 득표수에 말이다. 나는 그들의 분발을 촉구한다. "우리가 발표한 후보별 득표수 자료는 자연수입니다"라고 선관위 관계자들이 외치는 날이 올 수 있을지 극히 의문이다. 그들이 그렇게 할 수 있다면, 전 세계에 나와 있는 모든 통계학 교과서를 다시 써야 하는 날이기도 하다. 선거사기에 가담했던 자들에게 엄중한 책임을 묻지 않을 수 없다. 선거 사기질은 물론이고 숫자를 농락한 죄와 국민을 우롱한 죄까지 말이다.

그들이 지은 죄는 엄중하다. 국가의 헌정질서를 무너뜨리고, 선거를 도둑질해서 대통령, 시도지사, 국회의원, 시군구청장 등을 만든 그 죄를 어떻게 다루어야 하는가!

제4장

주요 인물, 심층 분석

4·15 총선에서 당선된 서울 지역의 민주당 국회의원 41명 가운데 사전투표 조작으로부터 자유로운 인물은 없다. 모두 다 전산조작에 의한 부정선거로 당선되었다는 말이다. 이것은 단순한 주장이나 의견이 아니다. 그들의 당선을 가능하게 한 선관위 발표 후보별 득표수가 증언하는 바이다. 당락 결정의 기준이 되는 후보별 득표수가 '만들어진 숫자들'이다. 이것은 뒤집을 수 없는 숫자의 증언이다.

1

정청래(마포구을), 1만 5,000표 조작하다

정청래(鄭淸來)

- 1965년, 충남 금산군 출생
- 건국대 학사, 서강대 석사
- 586운동권 출신 정치인
- (현) 더불어민주당 수석최고위원(3선)

출처: 나무위키

4·15 총선 마포구을(정청래 vs 김성동)에서 어떤 일이 일어났는가? 간편하게 이를 확인할 수 있는 것은 차이값(관내사전투표-당일투표 득표율) 그래프를 살펴보는 것이다. 마포구을 선거구는 서울의 여타 지역에 비해 사전투표 조작이 가장 심하게 이루어진 곳 가운데 하나이다. 관악구와 함께 조작값 50%가 입력되어 선관위 발표 후보별 득표수가 만들어진 곳이다.

〈4-1-1〉 2020 총선(마포구을), 차이값(관내사전-당일) 그래프

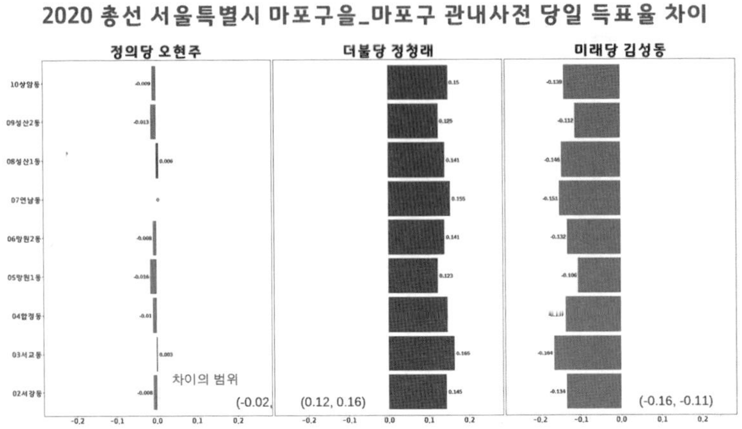

〈4-1-1〉은 전산조작을 이용해서 특정 후보에게서 표를 빼앗고, 또 다른 특정 후보에게 표를 더해주는 일이 행할 때 일어날 수 있는 좌우대칭 현상을 생생하게 보여주고 있다. 정청래는 9개 동에서 모두 차이값이 플러스를 기록하고 있다. 경쟁자인 김성동은 9개 동에서 모두 차이값이 마이너스를 기록하고 있다. 1/2의 18승이란 참으로 일어나기 힘든 확률이 마포구을에서 일어났다.

투표소 단위로 내려가면 마포구을의 선거 결과는 충격적이다. 마포구을에는 모두 62개 투표소가 있었다. 정청래의 관내사전투표 득표수는 62군데에서 모두 경쟁자인 김성동을 눌렀다. '62:0'이 정청래의 관내사전투표 승률이다. 1/2의 62승이 정청래의 관내사전투표 승리 확률이다.

마포구을을 구성하는 9개 동에서 상당 규모의 사전투표 득표수가 이동하였음을 알 수 있다. 정청래의 차이값은 최소 +12%에서

+16%이다. 이렇게 큰 차이값은 사전투표 조작이 실행에 옮겨지지 않고서는 일어날 수 없는 일이다. 경쟁자 김성동(통합당)의 차이값은 최소 -11%에서 최대 -16%이다. 두 후보 모두 이처럼 사전투표 득표율과 당일투표 득표율이 크게 차이가 날 수는 없는 일이다. 김성동이 많은 표를 빼앗기지 않는다면, 그리고 정청래가 많은 표를 공짜로 얻지 않는다면 이렇게 큰 차이값이 나올 수 없다. 차이값 그래프만으로도 4·15 총선의 마포구을 선거구에서는 '100% 사전투표 조작', '100% 전산조작'이 있었음을 알 수 있다.

마포구을 차이값 그래프는 "선거처럼 표본의 수가 큰 경우에 후보별 사전투표와 당일투표의 득표율은 같거나 비슷해야 한다"는 통계학의 기둥과 같은 대수의 법칙을 정면으로 위반하고 있다. 참고로 마포구을의 사전투표 투표자수는 5만 2,960명이고, 당일투표 투표자수는 7만 7,615명이다. 그리고 총투표 투표자수는 13만 575명이다. 이만한 크기의 모집단과 표본의 수가 큰 두 개의 표본집단 사이에는 모두 통계적 특성이 같거나 비슷해야 한다. 이는 사전투표 득표율, 당일투표 득표율, 총투표 득표율이 같거나 아주 유사해야 함을 뜻한다. 외부 개입에 의해 득표수를 증감시키는 경우만이 이처럼 큰 값이 나올 수 있다.

첫째, 사전투표 득표수 50%, 빼앗다

4·15 총선 마포구을 선관위 발표 후보별 득표수를 분석한 결과, 후보별 득표수가 자연수 혹은 무작위수가 아니었다. 이것은 투표

〈4-1-2〉 2020 총선(마포구을), 사전투표 조작

21대 총선 마포구 을

	더불어민주당	미래통합당	정의당	국가혁명배당금당
	정청래	김성동	오현주	이소윤
1.발표득표수	32,508	15,164	4,480	275
득표율기준	0.61	0.29	0.08	0.01
		0.50	-	-
2.사전투표 조작수	7,502	7,582	-	-
사전투표 투표인수	0%	50%	0%	0%
	0.14	0.14	-	-
3.예상 득표수	24,926	22,746	4,480	275
득표율 기준	0.47	0.43	0.08	0.01

자들이 던진 득표수를 단순 합산하여 발표한 숫자가 아님을 뜻한다. 김성동(통합당)이 받은 사전투표 득표수 가운데서 50%를 정청래(민주당)에게로 빼돌리는 전산 프로그램이 가동되어 '만들어진 숫자'임을 확인할 수 있었다. 특정 후보의 사전투표 득표수를 빼앗아서 다른 후보에게 넘겨주는 전산 프로그램에 변수인 조작값 50%가 입력되어 후보별 사전투표 득표수가 만들어졌다. 김성동이 빼앗긴 득표수는 그가 받은 사전투표 득표수 1만 5,164표 가운데 50%인 7,582표이다.

후보 간 득표수 증감 작업은 전산조작으로 이루어진다. 이 같은 사전투표 조작에 힘입어서 정청래는 정상적인 투표였다면 사전투표 득표율이 47%일 것으로 예상되었지만, 무려 +14%가 올라간 61%를 기록하였다. 선관위 발표 정청래 득표수에는 공짜로 얻은 7,582표가

포함되어 있기 때문에 가짜 사전투표 득표수이다.

한편 김성동(통합당)의 경우에는 -14%를 빼앗겼기 때문에 사전투표 득표율이 정상 상태에서 기대되었던 43%에서 29%로 쪼그라들게 된다. 선관위 발표 김성동 득표수에는 빼앗긴 -7,582표가 포함되어 있다. 결과적으로 선관위 발표 후보별 득표수에는 사전투표 득표수 증감 작업이 포함되어 있기 때문에 가짜 득표수라고 결론 내릴 수 있다.

둘째, 조작은 숫자에 흔적을 남긴다

정청래는 사전투표 조작을 하지 않았어도 무난하게 당선될 수 있었다. 왜냐하면 선관위 발표 당일투표 득표수는 정청래 3만 6,827표, 김성동 3만 2,279표로 정청래가 +4,548표로 승리하였다. 당일투표 득표율을 살펴보면 정청래 47%, 김성동 42%로 정청래가 +5% 차이로 승리하였다(2. 수정 전 당일투표수).

정청래는 당일투표에서 상당한 차이를 냈기 때문에 굳이 전산조작을 통한 사전투표 득표수 증감 작업을 강행할 이유가 전혀 없었다. 그럼에도 불구하고 선거사기범들과 전산조작범들은 사전투표에 손을 댔다. 승리를 확실히 굳히기 위해 무차별적인 전산조작이 서울 전역에 감행되었기 때문이다.

〈4-1-3〉에서 1, 2, 3은 모두 선관위 발표 후보별 득표수이다. 이것만 보더라도 4·15 총선의 마포구을 선관위 발표 후보별 득표수가 심하게 조작된 숫자임을 확인할 수 있다. 차이값(사전-당일)이 정청

〈4-1-3〉 2020 총선(마포구을), 조작 상태 vs 조작 제거 상태

수정전.후 사전투표

	더불어민주당	미래통합당	정의당	국가혁명배당금당
	정청래	김성동	오현주	이소윤
1.수정전 사전투표수	32,508	15,164	4,480	275
득표율 기준	0.61	0.29	0.08	0.01
2.수정전 당일투표수	36,827	32,279	6,965	485
득표율 기준	0.47	0.42	0.09	0.01
3.수정전 득표율 차이	0.14	- 0.13	- 0.01	- 0.00
합계	69,335	47,443	11,445	760
4.수정후 사전투표수	24,926	22,746	4,480	275
득표율 기준	0.47	0.43	0.08	0.01
5.수정후 당일투표수	36,827	32,279	6,965	485
득표율 기준	0.47	0.42	0.09	0.01
6.수정후 득표율 차이	- 0.004	0.014	- 0.005	- 0.001
합계	61,753	55,025	11,445	760

수정후 득표율 차이는" 0 "에 아극

	6,728	- 6,728	- 50,308	- 60,993
	승	패	패	패

래 +14%, 김성동 -13%이다(3. 수정 전 득표율 차이). 나는 이런 숫자를 두고 '미친 숫자'라는 표현을 서슴지 않는다. 사전투표 증감을 위한 조작이 있을 때만 나올 수 있는 숫자이기 때문이다.

예를 들어 정청래의 선관위 발표 사전투표 득표율 61%, 김성동 29%이다. 두 후보 사이에 당일투표 득표율 차이(민주-통합)는 +5%에 지나지 않았다. 그런데 사전투표 득표율 차이(민주-통합)는 무려 +32%의 차이가 난다. 정청래의 사전투표 득표수에 표를 쑤셔 넣고,

김성동의 사전투표 득표수에서 표를 빼앗아버렸기 때문에 차이가 이처럼 크게 늘어나게 되었다.

총투표 그룹, 사전투표 그룹, 당일투표 그룹의 통계적 특성은 비슷해야 한다는 것이 통계학 대수의 법칙이 명령하는 바이다. 어떤 경우에도 이처럼 차이값이 큰 값이 나올 수 없다. 양 후보 사이에 당일투표 차이가 +5% 정도이면 당연히 사전투표 득표율 차이도 +5%를 중심으로 오차범위 내의 값이 나와야 한다. +32%가 나온 것은 사전투표 득표수 증감 작업의 결과라 할 수 있다.

한편 4, 5, 6은 사전투표 조작이 제거된 상태의 후보별 사전투표 및 당일투표 득표수 및 득표율을 말한다. 4, 5, 6은 선관위 발표 후보별 득표수 분석 작업에서 찾아낸 조작값 50%를 이용해서 조작되지 않은 상태의 후보별 진짜 득표수를 복원한 것이다.

정청래는 사전투표를 조작하지 않았다면 2만 4,926표를 받았을 것이다(4. 수정 후 사전투표수). 이것이 정청래 진짜 사전투표 득표수이다. 그런데 선관위 발표 정청래 사전투표 득표수, 즉 정청래 가짜 사전투표 득표수는 3만 2,508표이다(1. 수정 전 사전투표수). 전산조작에 의해 +7,582표가 더해졌음을 확인할 수 있다.

김성동의 경우는 반대 현상을 관찰할 수 있다. 김성동이 사전투표 조작을 당하지 않았다면 2만 2,746표를 받았을 것이다(4. 수정 후 사전투표수). 선관위 발표 김성동 사전투표 득표수는 1만 5,164표에 지나지 않는다(1. 수정 전 사전투표수). 김성동은 -7,582표를 사전투표 득표수 증감 작업으로 빼앗겼음을 확인할 수 있다.

이 모든 결과를 종합하면, 총득표수 기준으로 정청래 6만 9,335표, 김성동 4만 7,443표로 정청래가 2만 1,892표 차이로 승리하였다는 것이 선관위 발표이다(3. 수정 전 득표율 차이 합계). 그러나 불법적으로 강행된 사전투표 득표수 조작을 제거하고 나면 정청래 진짜 총득표수 6만 1,753표, 김성동 진짜 총득표수 5만 5,025표이다(6. 수정 후 득표율 차이 합계). 실제로 양 후보 사이에 격차는 6,728표에 지나지 않는다.

요약해서 이야기하자면, 선관위 발표 후보별 득표수에 따르면 정청래는 2만 1,892표 차이로 승리하였다. 그러나 실제로 사전투표 조작을 말끔히 청소한 진짜 후보별 득표수에 바탕을 두면 양 후보 사이에는 6,628표밖에 나지 않는다. 선관위 발표 후보별 득표수가 정청래에게 표를 몰아주고, 김성동에게 표를 빼앗는 사전투표 득표수 증감 작업을 통해 후보 간 차이를 부풀렸음을 알 수 있다.

이처럼 도둑질한 득표수나 빼앗긴 득표수를 계산해내는 것이 가능한 것은 선관위 발표 후보별 득표수가 '만들어진 숫자들'이기 때문이다. 그렇지 않으면 투표자들이 던진 모든 득표수는 자연수이기 때문에 지금처럼 복원해내는 일은 불가능하다. 선거사기범들과 전산조작범들이 숫자에 손을 댔기 때문에 이처럼 모든 선거 사기질을 밝혀낼 수 있다.

셋째, 동 단위에서 알뜰살뜰하게 훔치다

선거사기범들과 전산조작범들이 선거 결과를 만들어냈기 때문에 어디서 얼마를 훔쳤는지를 정확하게 찾아낼 수 있다. 선관위 발표 후보별 득표수가 전산 프로그램과 조작값을 사용해서 '만들어진

〈4-1-4〉 2020 총선(마포구을), 동 단위 사전투표 조작

	선거구명	읍면동명	구분			조작값	조작값	정청래	김성동
1									
2									
3				더불어민주당	미래통합당	0.0%	50.0%	- 1.00	-
4				정청래	김성동	정청래	김성동	61,754.00	55,025.00
5	마포구을	합계		69,336	47,443	-	7,582	61,753	55,025
6		거소·선상투표		120	106	-	53.00	67	159
7		관외사전투표		8,304	3,978	-	1,989.00	6,315	5,967
8		국외부재자투표		194	91	-	45.50	149	137
9		국외부재자투표(공관)		4	4	-	2.00	2	6
10		서강동	계	6,469	5,741			5,804	6,407
11		서강동	관내사전투표	2,315	1,331	-	665.50	1,650	1,997
12		서강동	선거일투표	4,154	4,410			4,154	4,410
13		서교동	계	6,338	4,685			5,758	5,266
14		서교동	관내사전투표	2,648	1,161	-	580.50	2,068	1,742
15		서교동	선거일투표	3,690	3,524			3,690	3,524
16		합정동	계	5,681	3,976			5,054	4,604
17		합정동	관내사전투표	2,676	1,255	-	627.50	2,049	1,883
18		합정동	선거일투표	3,005	2,721			3,005	2,721
19		망원1동	계	6,402	4,099			5,803	4,699
20		망원1동	관내사전투표	2,663	1,199	-	599.50	2,064	1,799
21		망원1동	선거일투표	3,739	2,900			3,739	2,900
22		망원2동	계	5,674	3,704			5,135	4,244
23		망원2동	관내사전투표	2,491	1,079	-	539.50	1,952	1,619
24		망원2동	선거일투표	3,183	2,625			3,183	2,625
25		연남동	계	4,707	3,225			4,232	3,701

숫자'이기 때문에 구체적으로 어디서 얼마만큼을 훔쳤는지를 정확하게 구해낼 수 있다.

〈4-1-4〉는 전산조작범들이 저지른 범죄 현장을 생생하게 찍은 비디오테이프와 같은 것이다. 선거사기범들과 전산조작범들은 투개표 과정에 사용된 전산장비 포렌식을 결사반대하기 때문에 증거물을 확보하기 어렵다. 그런데 그들이 남긴 결정적인 증거물이 바로 조작한 선거 데이터이다. 선거 데이터는 범죄 현장을 찍은 CCTV에 비유할 수 있다.

법영상분석연수소 황민구 소장은 이렇게 말한다. "범행이 고도화된 요즘, 범인들은 지문을 잘 남기지 않고 족적도 잘 남기지 않습니다. 유일한 증거물들이 CCTV, 사진 및 영상물입니다. 그런데 영상은 거짓말을 하지 않습니다. 법영상 분석은 이미지를 해부하듯이 분석해서 증거를 증거답게 만드는 것입니다."

선거 데이터 분석은 법영상 분석과 비슷한 역할을 한다. 4·15 총선의 마포구을에서 발생한 선거사기 실상을 한 걸음 더 들어가 본다. 왼쪽은 선관위 발표 후보별 득표수이다. 위로부터 합계, 거소선상투표, 관외사전투표(우편투표), 국외부재자투표, 국외부재자투표(공관), 서강동 합계, 관내사전투표, 선거일투표 등의 순서로 정청래 득표수와 김성동 득표수가 정리되어 있다. 이 자료는 선관위 홈페이지에서 다운로드 받은 것으로 일절 손을 대지 않은 원재료이다.

중앙은 선거사기범들과 전산조작범들이 조작값을 이용해서 득표수를 어떻게 조작했는지를 보여준다. 선관위 선거 데이터를 분석한 재야 전문가의 작업 노트에서 가져왔다. 마포구을에서는 모두 4명의 후보가 출마하였지만, 김성동(통합당) 후보의 사전투표 득표수에만 손을 댔을 뿐 나머지 두 명의 후보들 표에는 일절 손을 대지 않았다. 전산조작의 목표는 반드시 낙선시켜야 할 후보의 사전투표 득표수만 빼앗아서 당선시켜야 할 후보에게로 이동시키는 것이다.

예를 들어 마포구을에서는 김성동이 빼앗긴 득표수의 합계는 7,582표이다. 이들의 출처는 거소선상에서 53표, 관외사전투표에서 1,989표, 국외부재자투표 46표, 국외부재자투표(공관) 2표가 포함되어 있다.

사전투표 득표수의 압도적인 비중을 차지하는 사전투표 득표수 조작은 모든 동에서 실행에 옮겨졌다. 지면 제약 때문에 9개 동 가운데서 5개 동만 소개하였다. 김성동이 서강동 관내사전투표에서 얻은 사전투표 득표수 1,331표 가운데 50%인 666표(정확히 665.5표 반올림 처리)를 빼앗았다. 다음으로 서교동에서 김성동이 받은 사전투표 득표수 1,161표 가운데서 50%인 581표(정확히 580.5표 반올림 처리)를 빼앗았다. 그리고 합정동에서 628표(실제로 627.50표 반올림 처리), 망원1동에서 600표(실제로 599.50표 반올림 처리), 망원2동에서 540표(실제로 539.50표 반올림 처리)를 빼앗겼다.

오른쪽은 왼쪽의 선관위 발표 후보별 득표수에 포함된 득표수 증감을 말끔히 털어낸 후보별 진짜 득표수 추정치다. 공짜로 먹어치운 정청래의 선관위 발표 후보별 득표수에서 빼앗아간 것만큼을 되찾아온다. 김성동이 빼앗긴 득표수를 되찾아준다. 모든 것을 정상적인 투표로 되돌린 상태가 오른쪽이다.

예를 들어 서강동 관내사전투표를 살펴보자. 정청래 선관위 발표 관내사전투표 득표수 2,315표와 김성동 1,331표는 모두 조작된 관내사전투표 득표수이자 가짜 관내사전투표 득표수이다. 이들에는 김성동에게서 빼앗아간 666표(정확히 665.50표)가 고스란히 포함되어 있다. 이를 복원하는 작업은 정청래에게서 665표만큼을 빼고, 김성동에게 666표만큼을 더해주면 가능하다. 결과적으로 서강동에서 정청래 진짜 관내사전 득표수는 1,650표(=2,315-665)이고, 김성동 진짜 관내사전투표 득표수는 1,997표(=1,331+666)이다.

서교동에서 정청래 선관위 발표 관내사전투표 득표수 2,648표, 김성동 1,161표이다. 선관위 발표 후보별 득표수는 가짜 득표수이고, 조작된 득표수이다. 선관위 득표수에는 김성동이 빼앗긴 581표(정확히 580.50표)가 포함되어 있다. 진짜 관내사전투표 득표수는 정청래 2,068표(=2,648-580), 김성동 1,742표(=1,161+581)이다. 정청래에게는 김성동이 빼앗긴 득표수를 반올림 처리하기 이전인 580표를 빼주고, 김성동에게는 반올림 처리한 581표를 더해주었다.

선거사기범들과 전산조작범들이 마포구을에서 행한 범죄 행각은 이렇게 모두 다 드러나고 말았다. 2020년 4·15 총선 개표가 시작된 저녁 무렵부터 다음 날 새벽까지 일어난 일이다. 4·15 총선 서울 전역은 물론이고 전남, 전북, 광주광역시 일부 선거구를 제외한 모든 선거구에서 이 같은 범죄를 밝혀낼 수 있다. 범죄를 밝혀내는 데 사용된 유일무이한 증거물은 선거사무를 담당한 자들이 발표한 선관위 발표 후보별 득표수이다.

선관위 발표 후보별 득표수가 일정한 규칙을 이용해서 제조된 '만들어진 숫자'이기 때문에 조작값을 활용해서 어디에서 얼마만큼을 빼앗겼는지를 낱낱이 추정할 수 있다. 선관위 발표 정청래 사전투표 득표수에는 훔친 득표수가 더해진 상태이고, 김성동 사전투표 득표수에는 훔친 득표수가 제외된 상태이다. 공짜로 먹어치운 사람의 득표수를 토해내게 하고, 억울하게 빼앗긴 득표수를 되찾아주게 되면 자연스럽게 조작되지 않은 상태의 후보별 진짜 득표수를 추정해낼 수 있다.

넷째, 조작값을 찾아내다

선거사기범들과 전산조작범들은 조작값이 밝혀질 것으로 생각하지 못했을 것이다. 왜냐하면 그런 시도를 하는 사람들이 없을 것으로 믿어 의심치 않았을 것이기 때문이다. 예를 들어 차이값(사전-당일투표 득표율) 그래프를 그려보고 '이 친구들이 사전투표를 조작했구나!'라는 정도까지는 누구든지 할 수 있다. 그런데 여기서 한 걸음 더 나아가 어떤 전산 프로그램을 사용해서 변수로 어떤 조작값을 입력해서 선관위 후보별 득표수를 만들어냈는지를 밝힐 수 있는 사람은 없을 것으로 생각하였을 것이다.

선거사기범들과 전산조작범들 가운데 일부는 《도둑놈들》 시리즈를 읽었을 가능성을 높게 본다. 왜냐하면 원래 도둑놈들이 자기가 범죄를 저지른 현장을 찾는 경우가 많기 때문이다. '저 양반들이 얼마나 알아냈을까?'라는 궁금함을 가진 자들도 있을 것이기 때문이다. 아마도 가장 뼈아픈 것 가운데 하나가 조작값이 발각된 경우일 것이다. 마포구을 선관위 후보별 득표수 분석을 통해 김성동(통합당) 후보가 받은 사전투표 득표수 100장 가운데 50장이 정청래(민주당)에게 넘어간 사실을 밝혀냈다. 이것은 선관위 발표 후보별 득표수를 만들어낸 '사전투표 조작공장'을 급습한 것과 같은 일이다.

어떻게 조작값 50%를 찾아낼 수 있었을까? 《도둑놈들》 시리즈 전작에서 설명한 바도 있지만, 너무나 중요하기 때문에 이를 한 번 더 확인해둘 필요가 있다. 재야 전문가가 선거 데이터 분석을 통해 기여한 큰 업적 가운데 하나이다.

〈4-1-5〉 2020 총선(마포구을), 조작값 50% 발견

〈선관위 발표 후보별 득표수〉				〈진짜 후보별 득표수〉	
	정청래	김성동		정청래	김성동
사전투표 득표율	62%	29%		48%	43%
당일투표 득표율	48%	42%	→	48%	42%
차이값	+13.9%	−13.9%		−0.56%	+0.56%

〈4-1-5〉의 왼쪽은 선관위 발표 후보별 득표수이다. 두 후보의 차이값은 각각 +13.9%와 -13.9%이다. 사전투표 투표자수의 -13.9% 만큼 표를 빼앗아서 정청래에게 +13.9%를 더해준 것이 선관위 발표 후보별 득표수이다. 사전투표 투표자수의 약 28%에 해당하는 득표수가 사전투표 조작을 위해 전산적으로 이동된 상태에 있음을확인할 수 있다. 정상적인 투표가 이루어지지 않은 상태이다.

바로 여기서부터 조작값을 찾아내기 위한 작업이 시작된다. 정상적인 투표인 경우라면 차이값(사전투표 득표율-당일투표 득표율)은 같거나 비슷해야 한다. 이런 정상 상태에 이르기까지 다양한 조작값 후보들이 입력된다. 김성동의 사전투표 득표수 100장당 5장, 10장, 15장 등을 빼앗는 조작값 5%, 10%, 15% 등이 순차적으로 입력되어 차이값을 계산하게 된다. 다양한 조작값을 입력하던 중에 조작값 50%가 변수로서 입력되었을 때, 컴퓨터는 이렇게 외친다. "딩동댕! 4·15 총선 마포구을 조작값은 50%입니다!"

다섯째, 가짜와 진짜는 극명하게 다르다

선관위 발표 후보별 득표수는 쓰레기다. 왜냐하면 투표자들이 던진 득표수를 합산한 것이 아니라 전산조작범들이 만들어낸 숫자이기 때문이다. 짝퉁 명품이 어딘가 모르게 이상한 것처럼, 짝퉁 후보별 득표수도 진짜 득표수와 다를 수밖에 없다. 〈4-1-6〉은 가짜 득표수와 진짜 득표수가 어떻게 다른가를 차이값 그래프로 보여주고 있다.

〈4-1-6〉의 오른쪽은 조작값 50%를 찾아낸 바로 그 순간의 후보별 득표수로부터 구한 득표율이다. 사전투표 조작이 이루어지지 않은 상태에서 정청래 진짜 사전투표 득표율 48%, 진짜 당일투표 득표율 48%, 차이값 -0.56%이다. 반면 김성동은 진짜 사전투표 득표율 45%, 진짜 당일투표 득표율 42%, 차이값 +0.56%이다. 우리가 주목해야 하는 것은 양 후보의 차이값이 -0.56%와 +0.56%일 정도로 오차범위 내에 포함되어 있음이다. 조작값을 찾아낸 바로 그 순간에 후보별 득표수 상태를 주의 깊게 보자. 차이값이 -0.56%와 +0.56%가 나왔다. 후보별 차이값이 거의 일치함을 확인할 수 있다. 이처럼 정상적인 투표에서 후보별 사전투표 득표율과 당일투표 득표율은 같거나 비슷해야 한다.

〈4-1-6〉 2020 총선(마포구을), 조작 상태(선관위) vs 수정 상태(재야 전문가)

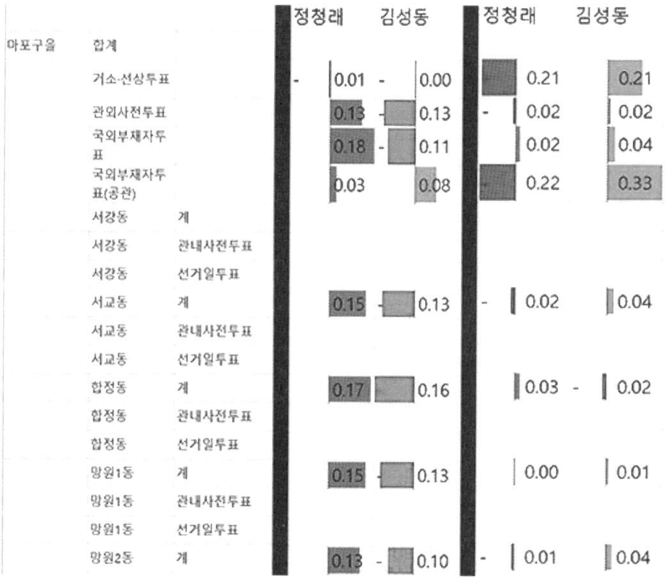

		정청래	김성동	정청래	김성동
마포구을	합계				
	거소·선상투표	- 0.01	- 0.00	0.21	0.21
	관외사전투표	0.13	- 0.13	- 0.02	0.02
	국외부재자투표	0.18	- 0.11	0.02	0.04
	국외부재자투표(공관)	0.03	0.08	- 0.22	0.33
서강동	계				
서강동	관내사전투표				
서강동	선거일투표				
서교동	계	0.15	- 0.13	- 0.02	0.04
서교동	관내사전투표				
서교동	선거일투표				
합정동	계	0.17	0.16	0.03	- 0.02
합정동	관내사전투표				
합정동	선거일투표				
망원1동	계	0.15	- 0.13	0.00	0.01
망원1동	관내사전투표				
망원1동	선거일투표				
망원2동	계	0.13	- 0.10	- 0.01	0.04

여섯째, 뻥튀기하면 증거물을 남긴다

세상만사 그냥 넘어가는 법이 어디에 있겠나! 살면서 늘 자신에게 다짐하듯이 하는 말이다. 선한 일은 선한 일대로, 악한 일은 악한 일대로 그 흔적을 남기게 된다. 선거 사기질에 직간접으로 관련된 자들은 선관위가 당선자라고 발표하면 그만이라고 생각하였을 것이다. 그리고 혹시라도 선거무효소송이라도 제기되면 대법관인지 X법관인지 모두가 종을 잡을 수 없지만, 법관 나리들이 다 알아서 처리해줄 것으로 믿었을 것이다.

그렇게 세상이 개판처럼 돌아가고 있지만, 그럼에도 불구하고 악한 짓을 범한 자들을 누군가는 나무라고 질책해야 할 것이다. 4·15 총선에서 일어난 일은 이렇게 저렇게 표현할 수 있지만, 우리가 이따금 사용하는 좀 강한 표현을 사용하면 간단하게 이렇게 정리할 수 있을 것이다. "표를 도둑질해서 당선시키고자 하는 후보에게 표를 왕창 쑤셔 박은 것이 4·15 총선이다."

그러면 자연스럽게 묻게 된다. 어느 놈이 그런 짓을 했느냐고? 표를 도둑질하는 쪽은 항상 더불어민주당 후보들이다. 그러니 더불어민주당 핵심 인사들은 4·15 총선을 어떻게 도둑질했는지를 잘 알고도 남음이 있을 것이다. 그 사람들이 직접 전산조작하고 실물 위조투표지 투입을 하지 않았을 테니까. 결국 세금으로 밥 먹고 사는 선거사무를 담당하는 자들에게 주목하지 않을 수 없다. 그들이야말로 실물이든 전산이든 선거사무를 독점하고 있는 자들이기 때문이다.

〈4-1-7〉의 상단은 선관위 발표 후보별 득표수이다. 하단은 재야 전문가가 조작값 50%를 찾아내서 도둑질한 득표수와 도둑질당한

〈4-1-7〉 2020 총선(마포구을), 사전:당일 득표수 비중

읍면동명	구분	선거인수	투표수	더불어민주당 정청래	미래통합당 김성동	정의당 오현주
[redacted]	사진투표	53,790	52,960	32,508	15,164	4,480
	당일투표	135,879	77,614	36,827	32,279	6,965
	합 계	189,669	130,574	69,335	47,443	11,445
	기존합계	189,669	130,575	69,336	47,443	11,445
		사전:당일 비율		0.88	0.47	0.64
	사전투표	53,790	52,960	24,926	22,746	4,480
	당일투표	135,879	77,614	36,827	32,279	6,965
	합 계	189,669	130,574	61,753	55,025	11,445
	기존합계	189,669	130,575	61,753	55,025	11,445
		사전:당일 비율		0.68	0.70	0.64

득표수를 모두 수정한 후보별 진짜 득표수이다. 여기서 사전:당일 비율을 보라. 바로 이곳에 표를 쑤셔 넣은 흔적이 혹은 증거가 고스란히 남아 있다. 진짜 득표수로부터 가짜 득표수로 이동하는 과정에서 후보별 사전:당일 비율의 변화에 주목한다.

정청래(민주당) 사전:당일 비율 0.68 → 0.88
김성동(통합당) 사전:당일 비율 0.70 → 0.47
오현주(정의당) 사전: 당일 비율 0.64 → 0.64

표를 도둑질한 주체는 누구인가? 정청래(민주당)이다. 재야 전문가 추정치에 따르면 정청래는 당일투표지 100장당 사전투표지 68장을 받았다. 그런데 갑자기 공짜표가 마구 쏟아져 들어오는 일이 일어났다. 결국 선관위 발표 후보별 득표수에 따르면 정청래는 당일투표지 100장당 사전투표지 88장을 받는 대박을 치게 되었다.

사전투표 조작으로 김성동이 받은 사전투표 득표수 가운데 50%가 정청래로 이동했기 때문에 일어난 일이다.

김성동은 조작하지 않은 상태에서 당일투표지 100장당 사전투표지 70장을 받았지만, 사전투표 득표수 조작이 이루어진 다음에는 당일투표지 100장당 사전투표지 47장을 손에 쥐게 되었다. 사전투표 조작이니, 전산조작이니, 득표수 증감이니 등과 같은 다소 절제된 표현을 제쳐두고 그냥 시중 말로 노골적으로 이야기하면 간단하다. 표를 통합당 후보에게서 도둑질해서 민주당 후보에게 왕창 집어넣었다. 그 짓을 선거사무를 담당하는 자들이 행하였다. 왜냐하면 그들이 만들어서 발표한 선관위 발표 후보별 득표수에 그 상세 내역이 자세히 기록되어 있기 때문이다. 이러고도 나라가 온전하기를 바란다면, 그 사람의 정신 상태에 고개를 갸우뚱하지 않을 수 없다.

손을 전혀 대지 않은 정의당 후보는 0.64로 변함이 없다. 당일투표지 100장당 사전투표 64장을 받았다고 발표한 선관위 발표 후보별 득표수나 재야 전문가의 진짜 득표수 추정치에는 변함이 없다. 오현주의 선관위 발표 득표수는 그 자체가 진짜라는 이야기다. 달리 이야기하면, 오현주와 달리 정청래와 김성동 선관위 발표 득표수는 모두 가짜이고 쓰레기라는 이야기다. 쓰레기를 갖고 당선자와 낙선자를 구분하는 일이 2020년 4·15 총선에서 일어난 셈이다.

2

우상호(서대문구갑), 9,000표 조작하다

우상호(禹相虎)

- 1962년, 강원도 철원군 출생
- 연세대 학사, 연세대 석사
- 586운동권 출신 정치인
- (전) 더불어민주당 원내대표, 비대위원장(4선)

출처: 나무위키

4·15 총선, 서대문구갑에서 어떤 일이 일어났을까? 사전투표 조작 여부를 쉽게 판별할 수 있는 도구는 차이값(관내사전-당일투표 득표율) 그래프를 살펴보는 일이다. 7개 동 모두에서 우상호(민주당)는 플러스 값을, 그리고 이성헌(통합당)은 마이너스 값을 갖는다. 우상호는 최소 +10%에서 최대 +14%를 기록하고 있다. 반면 이성헌은 최소 -8%에서 최대 -14%를 기록하고 있다.

〈4-2-1〉 2020 총선(서대문구갑), 차이값(관내사전-당일) 그래프

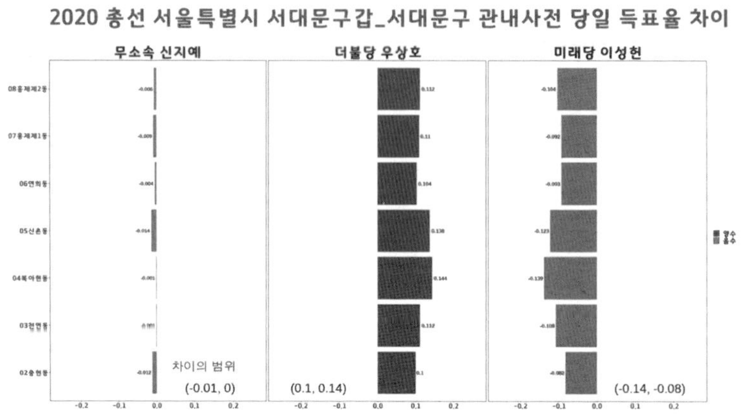

사전투표가 정상적인 투표였다면, 차이값은 오차범위(0~3%) 이내 값을 가져야 한다. 이성헌에게서 빼앗은 사전투표 득표수를 우상호에게 더해주지 않았다면, 서대문구갑처럼 10%대의 차이값은 어떤 상황에서도 일어날 수 없다.

서대문구갑의 총투표자수는 9만 6,056명이다. 사전투표 투표자수는 4만 256명이고, 당일투표 투표자수는 5만 5,800명이다. 쉽게 이야기하면 모집단(9만 6,000명), 사전투표 표본집단(4만), 그리고 당일투표 표본집단(5만 5,000명)을 뜻한다. 통계학의 관점에서 보면 어마어마한 표본의 수이다. 이런 경우에 통계학 대수의 법칙은 "표본의 수가 크면 클수록 각 후보의 사전투표 득표율과 당일투표 득표율은 같거나 비슷해야 한다"고 규정하고 있다. 어떻게 4박5일 사이를 두고 특정 후보의 사전과 당일투표 득표율 차이가 8~14% 차이가 날 수 있는가! 사전투표 득표수를 인위적으로 증가시키거나 감소시키는

득표수 증감 작업이 없다면 절대로 일어날 수 없는 일이다.

차이값 그래프가 좌우대칭 관계를 갖는 것에서 이성헌은 7개 동에서 모두 사전투표 득표수를 빼앗기는 사람임을 알 수 있다. 동시에 우상호는 모든 동에서 사전투표 득표수를 공짜로 받아 챙기는 사람임을 알 수 있다. 누가 선거사기의 주범이자 가해자인지, 누가 피해자인지를 누구든지 알 수 있다.

여기서 한 걸음 더 나아가 서울 전역이 이 모양이라면 쉽게 결론에 도달할 수 있다. 표를 훔치는 주체가 민주당이란 사실이다. 더욱이 사전투표 조작의 주범이 민주당이라고 강하게 의심하지 않을 수 없다. 그렇지 않고서야 선거구마다 표를 훔쳐서 먹어치우는 주체가 민주당 후보일 수는 없지 않은가! 검찰 조사가 이루어지지 않더라도 4·15 총선에서 부정선거의 주체가 누구인지 이렇게 명료하게 드러나게 된다. 설령 그들이 4·15 총선 이후 굳게 침묵하고 있더라도 주범이 누구인지를 삼척동자도 알 수 있는 사실이다.

첫째, 사전투표 득표수 35%, 빼앗다

이성헌(통합당) 후보가 얻은 100표 가운데 35표를 우상호(민주당) 후보가 훔치도록 만든 전산 프로그램을 이용해서 선관위 발표 후보별 득표수가 '만들어진 숫자'임을 확인할 수 있다. 선관위 선거 데이터 분석 결과는 〈4-2-2〉에 정리되어 있다. 이성헌은 자신이 얻은 사전투표 득표수 1만 2,973표 가운데 35%만큼을 빼앗겼다. 이렇게 확보된 장물은 전산적으로 하나도 누락됨이 없이 우상호에게 더해지

〈4-2-2〉 2020 총선(서대문구갑), 사전투표 조작

21대 총선 서대문구 갑 사전투표 조작

	더불어민주당	미래통합당	우리공화당	민중당	국가혁명배당금당	무소속
	우상호	이성헌	신민호	전진희	고상일	신지예
1.발표득표수	22,588	12,973	89	402	123	1,192
득표율기준	0.60	0.34	0.00	0.01	0.00	0.03
		0.35	-	-		
2.사전투표 조작수	4,541	4,541	-	-	-	-
사전투표 투표인수	0%	35%	0%	0%	0%	0%
	0.12	0.12	-	-		
3.예상 득표수	18,047	17,514	89	402	123	1,192
득표율 기준	0.48	0.46	0.00	0.01	0.00	0.03

게 된다. 조작값 35%, 조작규모는 4,541표의 2배인 9,082표이다.

우상호는 사전투표 조작이 없었다면 득표율이 48%로 예상되었지만, 선관위 발표 우상호 사전투표 득표율은 60%로 치솟게 된다. 표를 쑤셔 넣어주었기 때문에 사전투표 득표율이 무려 +12%나 증가한다. 반면 이성헌은 정상적인 투표였다면 46%로 예상된 사전투표 득표율이 선관위 발표에 따르면 34%로 쪼그라들고 만다. -12% 만큼 줄어든 것이다. 후보마다 사전투표 득표율과 당일투표 득표율 사이에 차이가 10%대에 이른다는 것 자체만으로도 '100% 조작선거'라고 단정할 수 있다.

이런 선거사기를 기획하고 실무적으로 추진한 전산조작범들은 선관위 발표 후보별 득표수를 지금처럼 바닥까지 파헤치리라 상상조차 할 수 없었을 것이다. 누군가 선관위 발표 후보별 득표수가 쓰레기 같은 거짓된 숫자임을 입증하리라고 꿈에도 꾸지 못했을 것이다. 선거사무를 담당하는 자들이 어떻게 선거 데이터를 제조, 생산했는지를 누구도 파헤치지 못할 것이라고 믿었을 것이다. 이 같은 작업은 거대한 쓰레기의 산에서 바늘을 찾는 것과 같은 일이기 때문이다.

그러나 그들의 기대와 딴판으로 결국 선관위가 발표하는 후보별 득표수가 모두 '만들어진 숫자', '조작된 숫자'라는 사실을 밝혀내게 되었다. 선거구마다 후보별 득표수를 만들어내기 위해 특정한 조작값을 입력했음을 확인할 수 있게 되었다.

둘째, 지울 수 없는 흔적을 남기다

서대문구갑 선거구에서 일어난 조작 실태를 〈4-2-3〉을 이용해서 다른 각도에서 파악할 수 있다. 1, 2, 3은 선관위 발표 후보별 득표수이다. 4, 5, 6은 선관위 발표 후보별 득표수에서 찾아낸 조작값을 활용해서 인위적인 득표수 증감 작업을 제거한 후보별 진짜 득표수이다. 그러니까 선관위 발표 후보별 득표수 가운데서 1(후보별 가짜 사전투표 득표수와 득표율)과 3(후보별 가짜 총투표 득표수와 득표율)은 '만들어진 숫자', 즉 가짜 숫자들이다. 후보별 진짜 득표수 추정치인 4, 5, 6 가운데서 4(후보별 진짜 사전투표 득표수와 득표율)와 6(후보별 진짜 총투표 득표수와 득표율)은 4·15 총선의 실체를 규명하는 데 필요한 간단하지만 강력한 진실을 확인하게 된다.

우선 후보별 1(선관위 발표 사전투표 득표율)과 2(선관위 발표 당일투표 득표율)를 상호 비교하는 것만으로 4·15 총선 서대문구갑의 선거

〈4-2-3〉 2020 총선(서대문구갑), 조작 상태 vs 조작 제거 상태

수정전.후 사전투표와 당일투표 차이

	더불어민주당	미래통합당	우리공화당	민중당	국가혁명배당금당	무소속
	우상호	이성헌	신민호	전진희	고상일	신지예
1.수정전 사전투표수	22,588	12,973	89	402	123	1,192
득표율 기준	0.60	0.34	0.00	0.01	0.00	0.03
2.수정전 당일투표수	25,389	24,546	241	624	208	1,724
득표율 기준	0.48	0.46	0.00	0.01	0.00	0.02
3.수정전 득표율 차이	0.12	- 0.12	- 0.00	- 0.00	- 0.00	0.01
합계	47,977	37,519	330	1,026	331	2,916
4.수정후 사전투표수	18,047	17,514	89	402	123	1,192
득표율 기준	0.48	0.46	0.00	0.01	0.00	0.03
5.수정후 당일투표수	25,389	24,546	241	624	208	1,724
득표율 기준	0.48	0.46	0.00	0.01	0.00	0.02
6.수정후 득표율 차이	0.002	0.004	- 0.002	- 0.001	- 0.001	0.013
합계	43,436	42,060	330	1,026	331	2,916
	수정후 득표율 차이는" 0 "에 아주 가까우며" 3 "를 넘					
	1,377	- 1,377	- 43,106	- 42,410	- 43,105	- 40,520
	승	패	패	패	패	패

결과가 '100% 조작'임을 확증할 수 있다. 선관위 발표 우상호 사전투표 득표율 60%, 당일투표 득표율 48%, 차이값 +12%이다. 사전과 당일투표 득표율의 격차가 무려 +12%이다. 이런 숫자는 정상적인 투표에서는 그야말로 죽었다 깨어나도 나올 수 없는 숫자다.

이런 숫자를 누가 발표했는가? 이런 숫자를 제조, 생산, 유통시킨 주체는 누구인가? 그들이 뭐라고 변명하더라도 그들의 진솔한 해명과 엄중한 책임을 묻지 않을 수 없다.

사전투표 조작을 하지 않은 상태에서 선거 결과가 어떠해야 하는지는 4, 5, 6이 명료하게 보여준다. 사전투표 조작을 제거하고 나면 후보마다 사전투표 득표율과 당일투표 득표율 사이에는 거의 차이가 없다. 우상호의 진짜 사전투표 득표율 48%, 진짜 당일투표 득표율 48%이다. 차이(사전-당일투표 득표율)는 0%이다. 이성헌의 경우도 진짜 사전투표 득표율 46%, 진짜 당일투표 득표율 46%, 그리고 차이 0%이다. 사전투표에 손을 대지 않으면 이런 결과가 나와야 한다.

3은 선관위 발표 후보별 득표수 격차를 보여준다. 선관위 발표에 따르면 마포구갑에서 우상호는 1만 458표 차이로 승리하였다. 그러나 6은 진짜 총투표 득표수 격차를 말해준다. 우상호는 4만 3,436표를 얻었고, 이성헌은 4만 2,060표를 얻었다. 진짜 총투표 득표수에 의하면 우상호는 불과 1,377표 차이로 승리하였을 뿐이다. 당일투표 득표수를 조작하지 않았다는 가정하에서 나온 결과이다. 선관위는 1,377표 차이를 1만 458표를 뻥튀기해서 발표하였다. 무려 7.59배나 부풀려서 발표한 셈이다.

거짓으로 진실을 파묻어버리려는 세력들은 이처럼 간단하지만 강력한 사실과 진실에 눈을 감고 지금도 헛소리를 내지른다. 그러나 4, 5, 6은 조작 없는 선거가 어떠해야 하는지를 우리에게 진솔하게 이야기하고 있다.

숫자는 인간처럼 비겁하지도 않고, 인간처럼 이기적이지도 않다. 그냥 있는 그대로를 증언할 뿐이다. 조작하지 않으면 4, 5, 6과 같다. 반면 조작을 하면 1, 2, 3과 같다. 선관위 발표 우상호 사전투표 득표율 60%, 당일투표 득표율 48%이다. 차이값이 무려 12%나 된다. 이것은 투표도 아니고 선거도 아니다. 그냥 표를 쑤셔 넣은 사기질이라고밖에 부를 수 없다. 이런 짓을 세금 받아먹고 사는 자들이 버젓이 하는 세상이 되었다.

이런 선거 데이터를 누가 제조, 생산했는지 선거사무를 담당하는 자들에게 묻고 싶다. 특히 선관위 사무총장을 맡고 있는 박찬진에게 묻고 싶다. 4·15 총선에서 책임을 맡았던 조해주에게도 묻고 싶다. 누가 이런 선거 데이터를 만들었는가? 당신들이 제조, 생산, 유통하지 않았으면 이런 숫자가 하늘에서 떨어지기라도 했단 말인가!

셋째, 동 단위에서 알뜰살뜰하게 훔치다

서대문구갑에서 얼마나 득표수가 조작되었는지 〈4-2-2〉, 〈4-2-3〉은 제대로 보여주고 있다. 그렇다면 이 같은 조작된 득표수들은 도대체 어디로부터 온 것일까? 선거사기범들과 전산조작범들은 투표소 단위마다, 그리고 동 단위마다 단 한 곳도 예외 없이 알뜰하게 조작값 35%를 적용시켜 득표수를 훔쳤다. 득표수를 약탈당한 대상은 이성헌(통합당)이고 장물을 가지는 측, 즉 공짜로 먹어치운 측은 우상호(민주당)였다. 쉽게 이야기하면 가해자는 우상호(민주당)이고 피해자는 이성헌(통합당)이란 뜻이다.

사전투표 득표수는 동 단위별로 혹은 투표소 단위별로 동일한 조작값이 적용되어 득표수 증감 작업이 시행되었다. 〈4-2-4〉의 왼쪽은 사전투표 조작이 실행에 옮겨진 상태를 말한다. 오른쪽은 사전투표 조작이 제거된 상태, 즉 후보별 진짜 사전투표 득표수를 말한다.

중간은 재야 전문가의 작업 노트에서 발췌한 이성헌(통합당) 후보가 사전투표 득표수에서 빼앗긴 득표수를 말한다. 이성헌은 자신이 받은 모든 종류의 사전투표 득표수 가운데 35%를 빼앗겼다. 이성헌이 빼앗긴 사전투표 득표수의 총합은 4,541표이다. 이를 세분하

〈4-2-4〉 2020 총선(서대문구갑), 동 단위 사전투표 조작

	선거구명	읍면동명	구분			조작값	조작값	우상호	이성헌
3				더불어민주당	미래통합당	0.0%	35.0%	- 3.00	- 3.00
4				우상호	이성헌	우상호	이성헌	43,439.45	42,062.55
5	서대문구갑	합계		47,980	37,522	-	4,541	43,436	42,060
6		거소·선상투표		124	70	-	24.50	100	95
7		관외사전투표		7,933	4,059	-	1,420.65	6,512	5,480
8		국외부재자투표		141	66	-	23.10	118	89
9		국외부재자투표(공관)		13	4	-	1.40	12	5
10		충현동	계	4,208	3,698			3,862	4,045
11		충현동	관내사전투표	1,469	990	-	346.50	1,123	1,337
12		충현동	선거일투표	2,739	2,708			2,739	2,708
13		천연동	계	5,355	4,372			4,899	4,828
14		천연동	관내사전투표	2,162	1,304	-	456.40	1,706	1,760
15		천연동	선거일투표	3,193	3,068			3,193	3,068
16		북아현동	계	5,125	4,153			4,632	4,646
17		북아현동	관내사전투표	2,487	1,408	-	492.80	1,994	1,901
18		북아현동	선거일투표	2,638	2,745			2,638	2,745
19		신촌동	계	4,166	3,692			3,895	3,963
20		신촌동	관내사전투표	1,337	774	-	270.90	1,066	1,045
21		신촌동	선거일투표	2,829	2,918			2,829	2,918
22		연희동	계	9,541	8,031			8,891	8,681
23		연희동	관내사전투표	2,995	1,858	-	650.30	2,345	2,508
24		연희동	선거일투표	6,546	6,173			6,546	6,173
25		홍제제1동	계	6,727	5,465			6,392	5,800

면 거소선상투표에서 25표(24.50표 반올림 처리), 관외사전투표에서 1,421표(1,420.65표 반올림 처리), 국외부재자투표에서 23표(23.10표 반올림 처리)를 빼앗겼다.

그 밖에 사전투표에서 압도적인 비중을 차지하는 동별 관내사전투표 득표수에서 빼앗긴 득표수는 다음과 같다. 충현동에서 347표(346.50표 반올림 처리), 천연동에서 456표(456.40표 반올림 처리), 북아현동에서 493표(492.80표 반올림 처리), 신촌동에서 271표(270.90표), 연희동에서 650표(650.30표)를 빼앗겼다. 〈4-2-4〉는 지면 제약 때문에 서대문갑을 구성하는 7개 동에서 5개 동의 관내사전투표 득표수 증감 내역만 담고 있다.

왼쪽의 선관위 발표 후보별 득표수는 이성헌에게서 빼앗은 득표수가 포함되어 있다. 우상호(민주당)는 이성헌에게서 빼앗은 득표수만큼 부풀려진 득표수이고, 이성헌(통합당)은 자신이 얻은 사전투표 득표수에서 빼앗긴 만큼 줄어든 득표수이다. 그 때문에 선관위 발표 후보별 득표수는 '만들어진 숫자', '조작된 숫자', '가짜 숫자'라고 부를 수 있다.

오른쪽은 후보별 진짜 득표수 추정치다. 재야 전문가는 가짜를 수정해서 진짜 득표수 추정치를 구하였다. 예를 들어 충현동의 선관위 발표 우상호 관내사전투표 득표수 1,469표는 인위적으로 부풀려진 득표수이고, 이성헌 관내사전투표 득표수 990표는 인위적으로 쪼그라든 득표수이다. 원상회복은 우상호가 공짜로 먹어치운 것을 토해내게 하고, 이성헌이 빼앗긴 것을 찾아주는 것이다.

우상호 진짜 득표수는 346표를 뺀 1,123표이다. 이성헌의 진짜 득표수는 345표를 더한 1,336표이다. 여기서 주목해야 할 것은 우상호에게 반올림 처리한 346표가 더해졌기 때문에 이성헌은 한 표를 제외한 345표를 더하는 것이다. 이 같은 득표수 증감 작업에도 동별로 득표수 합계는 일정하다.

이처럼 전산조작범들은 투표소 단위에서, 혹은 동 단위에서 이성헌에게서 빼앗고, 우상호에게 더해주어 버리면 아무 표시도 나지 않을 것으로 믿었을 것이다. 그런데 이처럼 모든 종류의 관내사전투표에서 얼마만큼을 조작했는지가 낱낱이 드러나게 되었다. 심지어 동 단위에서 관내사전투표에 대한 득표수 증감 작전을 어떻게 진행했는지가 낱낱이 세상에 드러나게 되었다. 그들도 이렇게까지 밝혀지

리라곤 꿈에도 생각지 못했을 것이다.

중간의 조작값을 사용해서 이성헌(통합당) 후보가 빼앗긴 득표수를 중심으로 왼쪽의 가짜 사전투표 득표수와 오른쪽의 진짜 사전투표 득표수는 완진히 대조적이다. 왼쪽의 가짜 사전투표 득표수에서 우상호는 어김없이 오른쪽의 진짜 득표수에 비해 부풀려진 숫자들이다. 지극히 당연한 일이다. 남의 사전투표 득표수를 빼앗아서 공짜로 먹어치운 결과이다.

한편 왼쪽의 이성헌(통합당)의 가짜 사전투표 득표수는 오른쪽의 진짜 사전투표 득표수에 비해 어김없이 쪼그라든 숫자들이다. 이유는 자명하다. 자신이 받은 모든 사전투표 득표수에서 35%만큼을 우상호에게 빼앗겼기 때문이다.

이처럼 숫자라는 것은 인정사정을 봐주지 않는다. "너는 도둑놈들이다!"라는 사실을 분명히 말하고 있다. 체면을 차려서 그냥 빙둘러서 이야기하지 않는다. "우상호는 표를 도둑질하였다!"라는 사실을 명쾌하게 세상에 고하고 있다. "이성헌은 표를 도둑질당하였다!"라는 사실을 분명하게 세상에 알리고 있다.

그냥 적당히 두리뭉실하게 구렁이 담 넘어가듯이 할 수가 없는 이유는 숫자 조작이기 때문이다. 이렇게 한 표, 두 표까지 밝힐 수 있는 것은 선거사기범들과 전산조작범들이 숫자를 만졌기 때문이다. 그것도 일정한 규칙을 이용해서 숫자를 만졌기 때문에 역으로 그 규칙을 찾아내서 범죄 사실을 낱낱이 고하게 되었다.

넷째, 조작값을 칼같이 잡아내다

재야 전문가가 주도한 선거 데이터 분석은 확고한 이론적인 배경을 갖고 있다. 정상적인 투표에서는 "후보별 사전투표 득표율과 당일투표 득표율이 같거나 비슷해야 한다"는 통계학 대수의 법칙에 기초하고 있다.

선관위 발표 후보별 득표수가 투표자들이 던진 득표수를 단순 합산한 자연수였다면 서대문구갑과 같은 선거 데이터가 나올 수 없다. 〈4-2-5〉의 왼쪽 그래프가 선거 데이터 분석을 시작하는 단계에서 살펴본 선관위 발표 후보별 득표수이다. 우상호의 차이값 +12.3%, 이성헌 차이값 -12.3%이다. 차이값은 분명히 이야기한다. "4·15 총선 서대문구갑의 선거 데이터는 사전투표 조작으로 말미암아 심하게 조작된 상태다."

이를 기초로 조작값을 찾아내는 작업이 개시된다. 이성헌이 받은 사전투표 득표수에서 일정 퍼센트의 득표수를 훔쳐서 우상호에게 더해주는 작업이 진행된다. 일정 퍼센트는 바로 조작값이다. 5%, 10%, 15%, 20%, 25% 등의 순서로 조작값이 입력되다가 마침내 조작값 35% 입력 시점에서 양 후보의 차이값(사전투표 득표율-당일투표

〈4-2-5〉 2020 총선(서대문구갑), 조작값 35% 발견

〈선관위 발표 후보별 득표수〉				〈진짜 후보별 득표수〉	
	우상호	이성헌		우상호	이성헌
사전투표 득표율	60%	35%		48%	47%
당일투표 득표율	48%	47%	→	48%	47%
차이값	+12.3%	−12.3%		+0.15%	−0.15%

득표율)은 오차범위 내에서 최소값에 도달하게 된다.

이것이 의미하는 바는 무엇인가? 선관위가 국민을 대상으로 당당하게 발표한 선관위 발표 후보별 득표수가 일정한 규칙성을 갖고 있음을 말한다. 이것은 선관위 발표 후보별 득표수가 일정 규칙에 따라 제조, 생산된 숫자임을 말한다. 이런 짓거리를 도대체 누가 했는가? 선거사무를 독점하고 있는 기관은 중앙선거관리위원회와 지역선거관리위원회이다. 그들 가운데 누군가는 이 같은 초대형 사건의 원인을 세세하게 알고 있을 것이다.

그래서 대한민국의 권력은 국민이 아니라 전산조작범들에게서 나온다는 이야기를 하는 것이다. 대한민국의 권력은 국민이 아니라 전산조작, 즉 사전에 설정된 조작값에 의해 결정된다는 것이다. 누가 조작값을 결정했는가! 어느 놈이 이런 짓을 했는가! 누가 조작값을 입력했는가! 투표지 분류기를 사용했는가! 메인 서버를 사용했는가! 임시로 운영한 가짜 서버를 사용했는가! 세금으로 밥 먹고 사는 인간들이 해야 할 직무를 태만히 하는 것에 분노하지 않을 수 없다.

다섯째, 가짜와 진짜는 극명하게 다르다

왼쪽의 차이값(사전-당일 득표율) 그래프는 조작이 이루어졌을 경우 후보별 차이값이 얼마나 큰지를 말해주고 있다. 반면 오른쪽은 조작값을 활용해서 사전투표 조작을 완전히 제거한 상태, 즉 사전투표 득표수와 당일투표 득표수가 모두 자연수인 경우를 말한다. 무작위수이자 자연수 상태에서 차이값 그래프가 어떤지를 보여주

〈4-2-6〉 2020 총선(서대문구갑), 조작 상태(선관위) vs 수정 상태(재야 전문가)

선거구명	읍면동명	구분	우상호	이성헌	조작값 0.0% 우상호	조작값 35.0% 이성헌	우상호	이성헌
서대문구갑	합계				-	4,541		
	거소·선상투표		0.10	- 0.13	-	24.50	- 0.01	- 0.02
	관외사전투표		0.14	- 0.15	-	1,420.65	0.03	- 0.04
	국외부재자투표		0.16	- 0.16	-	23.10	0.06	- 0.06
	국외부재자투표(공관)		0.29	- 0.22	-	1.40	0.21	- 0.14
	충현동	계						
	충현동	관내사전투표			-	346.50		
	충현동	선거일투표						
	천연동	계	0.10	- 0.08			- 0.03	0.06
	천연동	관내사전투표			-	456.40		
	천연동	선거일투표						
	북아현동	계	0.11	- 0.11			- 0.01	0.02
	북아현동	관내사전투표			-	492.80		
	북아현동	선거일투표						
	신촌동	계	0.14	- 0.14			0.02	- 0.02
	신촌동	관내사전투표			-	270.90		
	신촌동	선거일투표						
	연희동	계	0.13	- 0.12			0.02	- 0.01
	연희동	관내사전투표			-	650.30		
	연희동	선거일투표						
	홍제제1동	계	0.11	- 0.09			- 0.02	0.04
	홍제제1동	관내사전투표			-	334.95		
	홍제제1동	선거일투표						
	홍제제2동	계	0.11	- 0.09			- 0.01	0.03
	홍제제2동	관내사전투표			-	519.05		
	홍제제2동	선거일투표						

고 있다. 중간은 이성헌 후보가 받은 사전투표 득표수에서 얼마만큼의 득표수를 빼앗겼는지를 말해주고 있다.

왼쪽은 선관위 발표 후보별 득표수, 오른쪽은 재야 전문가의 진짜 후보별 득표수 추정치를 말한다. 왼쪽은 조작된 상태의 후보별 득표수를 말한다. 오른쪽은 조작이 제거된 상태의 후보별 득표수를 말한다.

선거사기범들과 전산조작범들이 행한 범죄의 핵심은 모든 사전투표 득표수를 조작하는 것이고, 특히 관내사전투표의 경우에는 투표소 단위마다, 그리고 동 단위마다 조작을 단행하였다. 그 결과가 지금 보고 있는 그래프로 드러나게 된다.

왼쪽의 차이값 그래프에서 우상호는 전부 플러스 값을 갖고 있다. 크기도 어마어마하게 크다. 관내사전투표의 경우 충현동 +10%, 천연동 +11%, 북아현동 +14%, 신촌동 +13%, 연희동 +11%, 홍제1동 +11%이다. 정상적인 투표에서는 어떤 경우든 어떤 상황에서든 나올 수 없는 크기의 차이값이다. 사전투표 득표수를 우상호에게 듬뿍 밀어주는 경우에만 일어날 수 있는 일이다.

중간의 조작값을 활용해서 우상호가 공짜로 먹어치운 사전투표 득표수를 모두 원상회복시킨 상태를 보자. 관내사전투표의 경우 충현동 -3%, 천연동 -1%, 북아현동 +2%, 신촌동 +2%, 연희동 -2%, 홍제1동 -1%이다. 현저하게 작은 차이값과 아울러 플러스와 마이너스가 교체됨을 알 수 있다. 사전투표 조작이 이루어지지 않았다면 이렇게 돼야 한다.

범죄자들이 숫자에 남긴 범죄 행적을 다시 한번 확인할 수 있는 증거물이 〈4-2-6〉이다. 이런 증거물은 서대문구갑에서만 관찰될 수 있는 것이 아니다. 서울 전역은 물론이고 한 걸음 더 나아가 전국에서 관찰되는 현상이다.

4·15 총선이 전면적인 전산조작에 의한 사전투표 득표수 증감 작업이 이루어졌음을 말해주고 있다. 그렇기 때문에 그들은 선거무효소송이 개시되었을 때, 법원에 개표가 끝난 상태의 투표함을 그대로 제출할 수 없었다. 개표가 끝난 실물 투표지 숫자와 선관위가

발표한 숫자가 도저히 같을 수가 없었을 것이기 때문이다. 따라서 투표함 속의 투표지를 전부 혹은 부분적으로 갈아치운 다음 법원에 제출하지 않을 수 없었을 것이다. 재검표 과정에서 기이한 형상의 투표지들이 마구 쏟아져 나오게 된 이유라고 본다.

여섯째, 뺑튀기하면 증거물을 남긴다

어떤 수단이나 방법을 사용하든지 간에 선거사기의 궁극적인 지향점은 득표수를 조작하는 것이다. 낙선시켜야 할 후보의 득표수를

〈4-2-7〉 2020 총선(서대문구갑), 사전:당일 득표수 비율

구분	선거인수	투표수	더불어민주당 우상호	미래통합당 이성헌	우리공화당 신민호
사전투표	38,502	37,760	22,588	12,973	89
당일투표	93,428	53,330	25,389	24,546	241
합 계	131,930	91,090	47,977	37,519	330
기존합계	131,930	91,096	47,980	37,522	330
	사전:당일 비율		0.89	0.53	0.37
사전투표	38,502	37,760	18,047	17,514	89
당일투표	93,428	53,330	25,389	24,546	241
합 계	131,930	91,090	43,436	42,060	330
기존합계	131,930	91,096	43,436	42,060	330
	사전:당일 비율		0.71	0.71	0.37

빼앗아서 당선시켜야 할 후보에게 더해주는 것이다. 이것은 예외 없는 선거 사기질의 기본 법칙이자 원칙이다. 따라서 득표수 증감과 같은 조작 작업이 후보별 득표수에 고스란히 흔적을 남기게 된다.

각 후보가 받은 당일투표 100장당 사전투표 숫자를 말하는 사전:당일 득표수 비중을 살펴보면 쉽게 전산조작의 실체를 또 한 번 확인할 수 있다. 〈4-2-7〉의 상단은 선관위 발표 후보별 득표수와 사전:당일 비중을 담고 있다. 사전투표 조작이 실행에 옮겨진 상태를 말한다. 하단은 진짜 득표수 추정치와 사전:당일 득표수 비중을 담고 있다.

우상호와 이성헌이 진짜 득표수로부터 선관위 발표 후보별 득표수로 이동되는 과정에서 사전:당일 득표수 비중이 어떻게 변하는지 살펴보자.

우상호(민주당)의 사전:당일 득표수 비중: 0.71 → 0.89
이성헌(통합당)의 사전:당일 득표수 비중: 0.71 → 0.53

우상호는 사전투표 조작이 실행에 옮겨지기 전에 당일투표지 100장당 71장의 사전투표 득표수를 얻었다. 그런데 사전투표 조작이 실행에 옮겨지고 난 다음에 당일투표지 100장당 89장의 사전투표지를 얻었다. 그만큼 사전투표 득표수를 더해줬기 때문에 가능한 일이다.

이성헌은 사전투표 조작이 일어나지 않은 상태에서 자신이 받은 당일투표지 100장당 사전투표지 71장을 받았다. 그런데 사전투표가 강행된 이후에 당일투표지 100장, 사전투표지 53장을 받았을 뿐이다. 그만큼 사전투표 득표수에서 표를 빼앗기는 입장이었기 때문에 가능한 일이다.

우상호는 자신이 받은 당일투표지 100장당 사전투표지 18장을 더 받은 셈이다. 반면 이성헌은 18장을 빼앗긴 것을 보여주고 있다. 선거사기범들과 전산조작범들이 사전투표 득표수를 체계적이고 조직적으로 조작했기 때문에 곳곳에서 좌우대칭 구조를 확인할 수 있다. 사전투표 실행 이후에 우상호(민주당)는 당일투표지 100장당 사전투표지 18장을 더 받았고, 반면 이성헌(통합당)은 18장을 덜 받았다. 우상호가 공짜로 받은 18장의 득표수는 하늘에서 떨어진 것이 아니다. 이성헌에게서 훔친 득표수임을 확인할 수 있다.

장물로 선거를 치르는 나라가 대한민국이다. 더 이상 대한민(民)국은 없다. 오로지 대한조작(操作)국이 있을 뿐이다. 대한민국의 시민(市民)이 있는 것이 아니라, 선거에 관한 한 대한조작국의 신민(臣民)이 있을 뿐이다. 여기서 왕은 선거사기범들과 전산조작범들이다.

3
민주당 주요 인물들

정청래(마포구을)와 우상호(서대문구갑)의 4·15 총선에서 일어난 일은 49개 선거구에서 일어난 전형적인 사례에 속한다. 따라서 우리는 민주당 주요 인사들의 선거 결과를 살펴봄으로써 4·15 총선의 실상을 더 깊숙이 들여다볼 수 있다. 단 한 곳도 예외 없이 모두 사전투표 조작, 전산조작 그리고 광범위한 부정선거가 자행되었다.

이낙연(종로구) 1만 3,598표 조작!

조작값 45%, 조작규모 1만 3,598표이다. 황교안(통합당)이 받은 사전투표 득표수 1만 5,108표 가운데 45%인 6,799표를 빼앗아서 이낙연(민주당)에게 더해준 사전투표 조작이 실행되었다.

선관위 발표 이낙연 사전투표 득표수는 3만 943표이지만, 진짜 득표수 추정치는 2만 4,144표에 지나지 않는다. 선관위 발표에 따르면 이낙연은 1만 7,304표로 승리하였지만, 진짜 득표수 추정치에 따르면 이낙연은 3,707표 차이로 승리했을 뿐이다. 선관위 발표 후보별 득표수가 이낙연(민주당) 득표수를 크게 부풀리고, 황교안(통합당) 득표수를 크게 줄였음을 알 수 있다.

참고로 종로구 사전투표자(4만 7,200명)와 당일투표자(4만 8,031명)를 염두에 두면 〈4-3-1〉처럼 차이값(관내사전-당일투표 득표율)이 크게 차이가 날 수 없다. "표본수가 크면 클수록 후보별 사전투표 득표율과 당일투표 득표율이 같거나 비슷해야 한다"는 통계학 대수의 법칙을 정면으로 위반한 것으로 사전투표 조작의 결정적 증거물 가운데 하나이다.

〈4-3-1〉 2020 총선(종로구), 차이값(관내사전-당일) 그래프

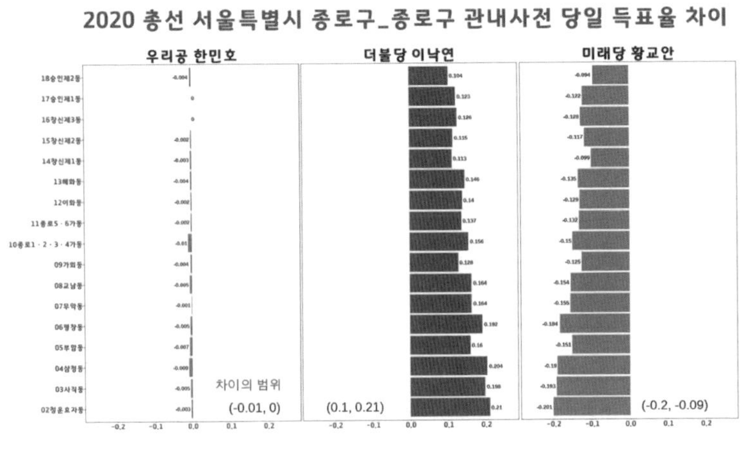

〈4-3-2〉 2020 총선(종로구), 사전투표 조작

	더불어민주당	미래통합당	우리공화당	민중당
	이낙연	황교안	한민호	오인환
1.발표득표수	30,943	15,108	125	131
득표율기준	0.66	0.32	0.00	0.00
		0.45	-	-
2.사전투표 조작수	6,799	6,799	-	-
사전투표 투표인수	0%	45%	0%	0%
	0.14	0.14	-	-
3.예상 득표수	24,144	21,907	125	131
득표율 기준	0.51	0.46	0.00	0.00

〈4-3-3〉 2020 총선(종로구), 조작 상태 vs 조작 제거 상태

	더불어민주당	미래통합당	우리공화당	민중당
	이낙연	황교안	한민호	오인환
1.수정전 사전투표수	30,943	15,108	125	131
득표율 기준	0.66	0.32	0.00	0.00
2.수정전 당일투표수	23,953	22,484	292	145
득표율 기준	0.50	0.47	0.01	0.00
3.수정전 득표율 차이	0.16	- 0.15	- 0.00	- 0.00
합계	54,896	37,592	417	276
4.수정후 사전투표수	24,144	21,907	125	131
득표율 기준	0.51	0.46	0.00	0.00
5.수정후 당일투표수	23,953	22,484	292	145
득표율 기준	0.50	0.47	0.01	0.00
6.수정후 득표율 차이	0.013	- 0.004	- 0.003	- 0.000
합계	48,097	44,391	417	276
				수정
	3,707	- 3,707	- 43,974	- 44,115
	승	패	패	패

〈4-3-4〉 2020 총선(종로구), 동 단위 사전투표 조작

	선거구명	읍면동명	구분	더불어민주당 이낙연	미래통합당 황교안	조작값 0.0% 이낙연	조작값 45.0% 황교안	이낙연	황교안
1						조작값	조작값	이낙연	황교안
2						0.0%	45.0%	- 6	- 2
3						이낙연	황교안	48,103.40	44,393
4	종로구	합계		54,902	37,594	-	6,799	48,097	44,391
5		거소·선상투표		135	81	-	36.45	99	117
6		관외사전투표		6,472	3,169	-	1,426.05	5,046	4,595
7		국외부재자투표		232	80	-	36.00	196	116
8		국외부재자투표(공관)		11	1	-	0.45	11	1
9		청운효자동	계	4,151	2,690			3,756	3,085
10		청운효자동	관내사전투표	2,253	878	-	395.10	1,858	1,273
11		청운효자동	선거일투표	1,898	1,812			1,898	1,812
12		사직동	계	2,620	2,682			2,167	3,135
13		사직동	관내사전투표	1,502	1,007	-	453.15	1,049	1,460
14		사직동	선거일투표	1,118	1,675			1,118	1,676
15		삼청동	계	832	632			723	741
16		삼청동	관내사전투표	489	243	-	109.35	380	352
17		삼청동	선거일투표	343	389			343	389
18		부암동	계	3,101	2,340			2,784	2,657
19		부암동	관내사전투표	1,405	705	-	317.25	1,088	1,022
20		부암동	선거일투표	1,696	1,635			1,696	1,635
21		평창동	계	4,891	5,316			4,180	6,027
22		평창동	관내사전투표	2,336	1,581	-	711.45	1,625	2,292
23		평창동	선거일투표	2,555	3,735			2,555	3,735
24		무악동	계	2,828	2,124			2,455	2,497
25		무악동	관내사전투표	1,569	829	-	373.05	1,196	1,202
26		무악동	선거일투표	1,259	1,295			1,259	1,295

〈4-3-5〉 2020 총선(종로구), 조작값 45% 발견

〈선관위 발표 후보별 득표수〉				〈진짜 후보별 득표수〉	
	이낙연	황교안		이낙연	황교안
사전투표 득표율	66%	32%		52%	47%
당일투표 득표율	51%	47%	→	51%	47%
차이값	+16.0%	−15.0%		+1.0%	−1.0%

〈4-3-6〉 2020 총선(종로구), 조작 상태(선관위) vs 수정 상태(재야 전문가)

	선거구명	읍면동명	구분	이낙연	황교안	이낙연	황교안
1							
2							
3							
4	종로구	합계					
5		거소·선상투표		- 0.07	0.03	- 0.09	0.04
6		관외사전투표		0.00	0.00	0.00	0.00
7		국외부재자투표		0.08	- 0.07	0.11	- 0.09
8		국외부재자투표(공관)		0.27	0.23	0.38	0.33
9		청운효자동	계				
10		청운효자동	관내사전투표				
11		청운효자동	선거일투표				
12		사직동	계	- 0.12	0.11	- 0.05	0.04
13		사직동	관내사전투표				
14		사직동	선거일투표				
15		삼청동	계	- 0.11	0.10	- 0.01	0.00
16		삼청동	관내사전투표				
17		삼청동	선거일투표				
18		부암동	계	- 0.10	0.09	- 0.03	0.02
19		부암동	관내사전투표				
20		부암동	선거일투표				
21		평창동	계	- 0.10	0.09	- 0.01	0.00
22		평창동	관내사전투표				
23		평창동	선거일투표				
24		무악동	계	- 0.12	0.11	- 0.01	0.00
25		무악동	관내사전투표				
26		무악동	선거일투표				

〈4-3-7〉 2020 총선(종로구), 사전:당일 득표수 비율

구분	선거인수	투표수	더불어민주당 이낙연	미래통합당 황교안	우리공화당 한민호
사전투표	48,079	47,200	30,943	15,108	125
당일투표	86,437	48,031	23,953	22,484	292
합 계	134,516	95,231	54,896	37,592	417
기존합계	134,516	95,239	54,902	37,594	417
	사전:당일 비율		1.29	0.67	0.43
사전투표	48,079	47,200	24,144	21,907	125
당일투표	86,437	48,031	23,953	22,484	292
합 계	134,516	95,231	48,097	44,391	417
기존합계	134,516	95,239	48,097	44,391	417
	사전:당일 비율		1.01	0.97	0.43

이인영(구로구갑) 1만 1,524표 조작!

조작값 35%, 조작규모 1만 1,524표이다. 김재식(통합당)이 받은 사전투표 득표수 1만 6,463표 가운데 35%인 5,762표를 빼앗아서 이인영(민주당)에게 더해준 사전투표 조작이 실행되었다.

선관위 발표 이인영 사전투표 득표수는 3만 2,627표이지만, 진짜 득표수 추정치는 2만 6,865표에 지나지 않는다. 선관위 발표에 따르면 이인영은 2만 520표 차이로 승리하였지만, 진짜 득표수 추정치에 따르면 이인영은 8,996표 차이로 승리했을 뿐이다. 선관위 발표 후보별 득표수가 이인영(민주당) 득표수를 크게 부풀리고, 김재식(통합당) 득표수를 크게 줄였음을 알 수 있다.

〈4-4-1〉 2020 총선(구로구갑), 차이값(관내사전-당일) 그래프

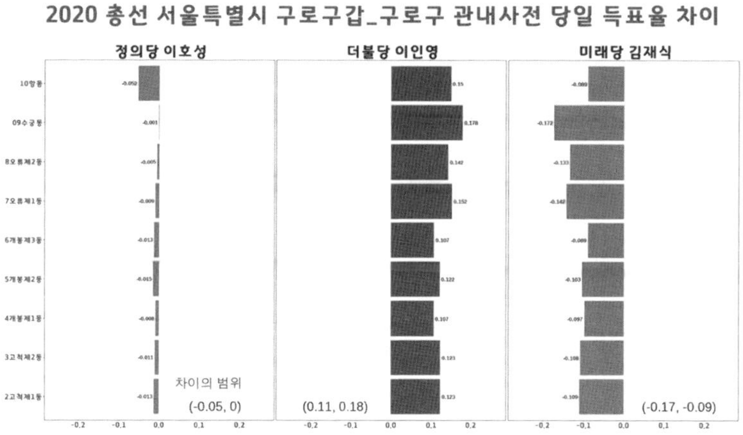

참고로 〈4-4-1〉은 사전투표 득표수 증감과 같은 사전투표 조작이 없이는 나올 수 없는 차이값(관내사전-당일투표 득표율) 그래프다. 구로구갑 사전투표자(5만 2,782명)와 당일투표자(8만 9,297명)를 염두에 두면 "표본수가 크면 클수록 후보별 사전투표 득표율과 당일투표 득표율이 같거나 비슷해야 한다"는 통계학 대수의 법칙을 정면으로 위반한 것은 사전투표 조작의 결정적 증거물 가운데 하나이다.

〈4-4-2〉 2020 총선(구로구갑), 사전투표 조작

21대 총선 구로구 갑 사전투표 조작

	더불어민주당	미래통합당	정의당	우리공화당	민중당	국가혁명배당금당
	이인영	김재식	이호성	황인규	유선희	김장원
1.발표득표수	32,627	16,463	2,248	171	593	211
득표율기준	0.62	0.31	0.04	0.00	0.01	0.00
		0.35	-	-	-	-
2.사전투표 조작수	5,762	5,762	-	-	-	-
사전투표 투표인수	0%	35%	0%	0%	0%	0%
	0.11	0.11	-	-	-	-
3.예상 득표수	20,005	22,225	2,248	171	593	211
득표율 기준	0.51	0.42	0.04	0.00	0.01	0.00

〈4-4-3〉 2020 총선(구로구갑), 조작 상태 vs 조작 제거 상태

수정전.후 사전투표와 당일투표 차이

	더불어민주당	미래통합당	정의당	우리공화당	민중당	국가혁명배당금당
	이인영	김재식	이호성	황인규	유선희	김장원
1.수정전 사전투표수	32,627	16,463	2,248	171	593	211
득표율 기준	0.62	0.31	0.04	0.00	0.01	0.00
2.수정전 당일투표수	43,238	38,882	4,474	405	946	417
득표율 기준	0.48	0.44	0.05	0.00	0.01	0.00
3.수정전 득표율 차이	0.13	- 0.12	- 0.01	- 0.00	0.00	0.00
합계	75,865	55,345	6,722	576	1,539	628
4.수정후 사전투표수	26,865	22,225	2,248	171	593	211
득표율 기준	0.51	0.42	0.04	0.00	0.01	0.00
5.수정후 당일투표수	43,238	38,882	4,474	405	946	417
득표율 기준	0.48	0.44	0.05	0.00	0.01	0.00
6.수정후 득표율 차이	0.025	- 0.014	- 0.008	- 0.001	0.001	0.001
합계	70,103	61,107	6,722	576	1,539	628
	수정후 득표율 차이는" 0 "에 아주 가까우며" 3 "를 넘					
	8,996	- 8,996	- 63,381	- 69,527	- 68,564	- 69,475
	승	패	패	패	패	패

〈4-4-4〉 2020 총선(구로구갑), 동 단위 사전투표 조작

선거구명	읍면동명	구분			조작값	조작값	이인영	김재식
			더불어민주당	미래통합당	0.0%	35.0%	-	- 2.00
			이인영	김재식	이인영	김재식	70,102.95	61,109.05
구로구갑	합계		75,865	55,347	-	5,762	70,103	61,107
	거소·선상투표		172	163	-	57.05	115	220
	관외사전투표		7,622	3,473	-	1,215.55	6,406	4,689
	국외부재자투표		159	69	-	24.15	135	93
	국외부재자투표(공관)		1	5	-	1.75	- 1	7
	고척제1동	계	7,081	5,513			6,538	6,056
	고척제1동	관내사전투표	2,778	1,551	-	542.85	2,235	2,094
	고척제1동	선거일투표	4,303	3,962			4,303	3,962
	고척제2동	계	7,851	5,747			7,391	6,207
	고척제2동	관내사전투표	2,578	1,313	-	459.55	2,118	1,773
	고척제2동	선거일투표	5,273	4,434			5,273	4,434
	개봉제1동	계	8,818	6,872			8,246	7,444
	개봉제1동	관내사전투표	2,879	1,633	-	571.55	2,307	2,205
	개봉제1동	선거일투표	5,939	5,239			5,939	5,239
	개봉제2동	계	9,890	7,388			9,290	7,988
	개봉제2동	관내사전투표	3,251	1,713	-	599.55	2,651	2,313
	개봉제2동	선거일투표	6,639	5,675			6,639	5,675
	개봉제3동	계	6,445	4,430			5,982	4,893
	개봉제3동	관내사전투표	2,541	1,322	-	462.70	2,078	1,785
	개봉제3동	선거일투표	3,904	3,108			3,904	3,108
	오류제1동	계	6,642	5,089			6,146	5,585

〈4-4-5〉 2020 총선(구로구갑), 조작값 35% 발견

	〈선관위 발표 후보별 득표수〉			〈진짜 후보별 득표수〉	
	이인영	김재식		이인영	김재식
사전투표 득표율	62%	31%		51%	42%
당일투표 득표율	49%	44%	→	49%	44%
차이값	+13.43%	−13.43%		+2.42%	−2.42%

〈4-4-6〉 2020 총선(구로구갑), 조작 상태(선관위) vs 수정 상태(재야 전문가)

선거구명	읍면동명	구분	이인영	김재식	이인영	김재식
구로구갑	합계					
	거소·선상투표		-0.01	0.01	-0.17	0.17
	관외사전투표		0.14	-0.15	0.04	-0.05
	국외부재자투표		0.19	-0.14	0.08	-0.04
	국외부재자투표(공관)		-0.32	0.40	-0.61	0.69
	고척제1동	계				
	고척제1동	관내사전투표				
	고척제1동	선거일투표				
	고척제2동	계	0.13	-0.11	0.01	0.01
	고척제2동	관내사전투표				
	고척제2동	선거일투표				
	개봉제1동	계	0.12	-0.11	0.01	0.01
	개봉제1동	관내사전투표				
	개봉제1동	선거일투표				
	개봉제2동	계	0.11	-0.10	-0.01	0.02
	개봉제2동	관내사전투표				
	개봉제2동	선거일투표				
	개봉제3동	계	0.12	-0.10	0.01	0.02
	개봉제3동	관내사전투표				
	개봉제3동	선거일투표				
	오류제1동	계	0.11	-0.09	-0.00	0.03

〈4-4-7〉 2020 총선(구로구갑), 사전:당일 득표수 비율

구분	선거인수	투표수			
			더불어민주당 이인영	미래통합당 김재식	정의당 이호성
사전투표	53,380	52,782	32,627	16,463	2,248
당일투표	152,376	89,297	43,238	38,882	4,474
합 계	205,756	142,079	75,865	55,345	6,722
기존합계	205,756	142,081	75,865	55,347	6,722
	사전:당일 비율		0.75	0.42	0.50
사전투표	53,380	52,782	26,865	22,225	2,248
당일투표	152,376	89,297	43,238	38,882	4,474
합 계	205,756	142,079	70,103	61,107	6,722
기존합계	205,756	142,081	70,103	61,107	6,722
	사전:당일 비율		0.62	0.57	0.50

우원식(노원구을) 8,626표 조작!

조작값 35%, 조작규모 8,626표이다. 이동섭(통합당)이 받은 사전투표 득표수 1만 2,323표 가운데 35%인 4,313표를 빼앗아서 우원식(민주당)에게 더해준 사전투표 조작이 실행되었다.

선관위 발표 우원식 사전투표 득표수는 2만 8,897표이지만, 진짜 득표수 추정치는 2만 4,584표에 지나지 않는다. 선관위 발표에 따르면 우원식은 2만 9,874표 차이로 승리하였지만, 진짜 득표수 추정치에 따르면 우원식은 2만 1,248표 차이로 승리했다. 선관위 발표 후보별 득표수가 우원식(민주당) 득표수를 부풀리고, 이동섭(통합당) 득표수를 크게 줄였음을 알 수 있다.

〈4-5-1〉 2020 총선(노원구을), 차이값(관내사전-당일) 그래프

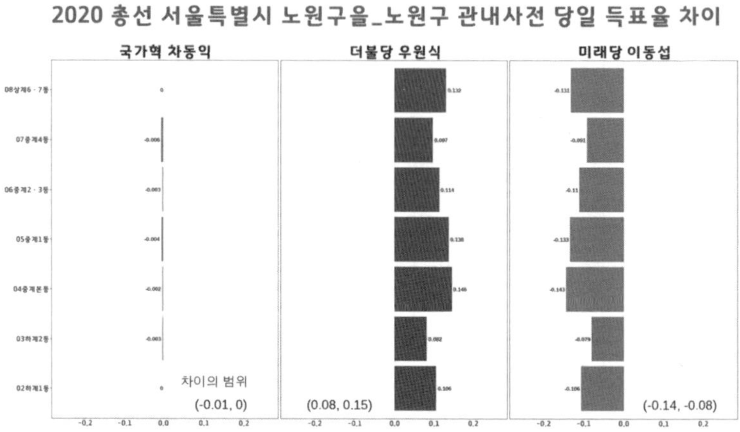

〈4-5-2〉 2020 총선(노원구을), 사전투표 조작

21대 총선

	더불어민주당 우원식	미래통합당 이동섭	국가혁명배당금당 차동익	
1.발표득표수	28,897	12,323	283	
득표율기준	0.69	0.29	0.01	
		0.35	-	#
2.사전투표 조작수	4,313	4,313	-	
사전투표 투표인수	0%	35%	0%	
	0.10	0.10	-	
3.예상 득표수	24,584	16,636	283	
득표율 기준	0.59	0.40	0.01	

〈4-5-3〉 2020 총선(노원구을), 조작 상태 vs 조작 제거 상태

수정전.후

	더불어민주당	미래통합당	국가혁명배당금당
	우원식	이동섭	차동익
1.수정전 사전투표수	28,897	12,323	283
득표율 기준	0.69	0.29	0.01
2.수정전 당일투표수	42,732	29,432	622
득표율 기준	0.58	0.40	0.01
3.수정전 득표율 차이	0.11	- 0.11	- 0.00
합계	71,629	41,755	905
4.수정후 사전투표수	24,584	16,636	283
득표율 기준	0.59	0.40	0.01
5.수정후 당일투표수	42,732	29,432	622
득표율 기준	0.58	0.40	0.01
6.수정후 득표율 차이	0.006	- 0.003	- 0.002
합계	67,316	46,068	905

수정후 득표율 차이는"

	21,248	- 21,248	- 66,411
	승	패	패

〈4-5-4〉 2020 총선(노원구을), 동 단위 사전투표 조작

1	선거구명	읍면동명	구분						
2						조작값	조작값	우원식	이동섭
3				더불어민주당	미래통합당	0.0%	35.0%	- 79.00	- 37.00
4				우원식	이동섭	우원식	이동섭	67,394.95	46,105.05
5	노원구을	합계		71,708	41,792	-	4,313	67,316	46,068
6		거소·선상투표		225	136	-	47.60	177	184
7		관외사전투표		7,710	3,584	-	1,254.40	6,456	4,838
8		국외부재자투표		131	41	-	14.35	117	55
9		국외부재자투표(공관)		3	2	-	0.70	2	3
10		하계1동	계	8,654	5,720			8,176	6,198
11		하계1동	관내사전투표	2,867	1,366	-	478.10	2,389	1,844
12		하계1동	선거일투표	5,787	4,354			5,787	4,354
13		하계2동	계	8,242	4,469			7,874	4,837
14		하계2동	관내사전투표	2,527	1,051		[illegible]	[illegible]	1,419
15		하계2동	선거일투표	5,715	3,418			5,715	3,418
16		중계본동	계	7,906	4,686			7,542	5,050
17		중계본동	관내사전투표	2,793	1,039	-	363.65	2,429	1,403
18		중계본동	선거일투표	5,113	3,647			5,113	3,647
19		중계1동	계	9,118	5,059			8,682	5,495
20		중계1동	관내사전투표	3,435	1,245	-	435.75	2,999	1,681
21		중계1동	선거일투표	5,683	3,814			5,683	3,814
22		중계2·3동	계	12,037	6,972			11,533	7,476
23		중계2·3동	관내사전투표	3,626	1,441	-	504.35	3,122	1,945
24		중계2·3동	선거일투표	8,411	5,531			8,411	5,531
25		중계4동	계	[illegible]	[illegible]			6,336	4,504

윤건영(구로구을) 8,824표 조작!

조작값 35%, 조작규모 8,824표이다. 김용태(통합당)가 받은 사전투표 득표수 1만 2,606표 가운데 35%인 4,412표를 빼앗아서 윤건영(민주당)에게 더해준 사전투표 조작이 실행되었다.

선관위 발표 윤건영 사전투표 득표수는 2만 6,371표이지만, 진짜 득표수 추정치는 2만 1,959표에 지나지 않는다. 선관위 발표에 따르면 윤건영은 1만 9,049표 차이로 승리하였지만, 진짜 득표수 추정치에 따르면 윤건영은 1만 225표 차이로 승리했다. 선관위 발표 후보별 득표수가 윤건영(민주당) 득표수를 크게 부풀리고, 김용태(통합당)

〈4-6-1〉 2020 총선(구로구을), 차이값(관내사전-당일) 그래프

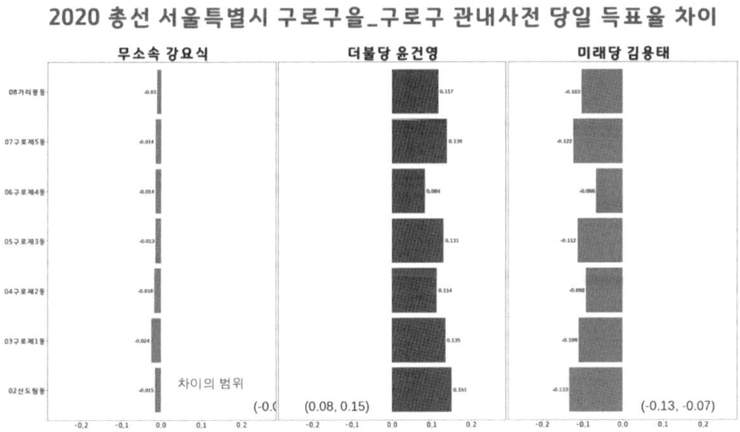

득표수를 크게 줄였음을 알 수 있다.

참고로 구로구을 사전투표자(4만 1,164명)와 당일투표자(5만 8,232명)를 염두에 두면 〈4-6-1〉처럼 차이값(관내사전-당일투표 득표율)이 크게 차이가 날 수 없다. "표본수가 크면 클수록 후보별 사전투표 득표율과 당일투표 득표율이 같거나 비슷해야 한다"는 통계학 대수의 법칙을 정면으로 위반한 것으로 사전투표 조작의 결정적 증거물 가운데 하나이다.

〈4-6-2〉 2020 총선(구로구을), 사전투표 조작

21대 총선 구로구

	더불어민주당	미래통합당	국가혁명배당금당	무소속
	윤건영	김용태	권영웅	강요식
1.발표득표수	26,371	12,606	213	1,579
득표율기준	0.64	0.31	0.01	0.04
		0.35	-	-
2.사전투표 조작수	4,412	4,412	-	-
사전투표 투표인수	0%	35%	0%	0%
	0.11	0.11	-	-
3.예상 득표수	21,959	17,018	213	1,579
득표율 기준	0.53	0.41	0.01	0.04

〈4-6-3〉 2020 총선(구로구을), 조작 상태 vs 조작 제거 상태

수정전.후 사전투표

	더불어민주당	미래통합당	국가혁명배당금당	무소속
	윤건영	김용태	권영웅	강요식
1.수정전 사전투표수	26,371	12,606	213	1,579
득표율 기준	0.64	0.31	0.01	0.04
2.수정전 당일투표수	29,694	24,410	425	2,979
득표율 기준	0.51	0.42	0.01	0.05
3.수정전 득표율 차이	0.13	- 0.11	- 0.00	- 0.01
합계	56,065	37,016	638	4,558
4.수정후 사전투표수	21,959	17,018	213	1,579
득표율 기준	0.53	0.41	0.01	0.04
5.수정후 당일투표수	29,694	24,410	425	2,979
득표율 기준	0.51	0.42	0.01	0.05
6.수정후 득표율 차이	0.024	- 0.006	- 0.002	- 0.013
합계	51,653	41,428	638	4,558

수정후 득표율 차이는" 0 "에 아주

	10,225	- 10,225	- 51,015	- 47,095
	승	패	패	패

〈4-6-4〉 2020 총선(구로구을), 동 단위 사전투표 조작

	선거구명	읍면동명	구분			조작값	조작값	윤건영	김용태
1									
2									
3				더불어민주당	미래통합당	0.0%	35.0%	-	- 2.00
4				윤건영	김용태	윤건영	김용태	51,652.90	41,430.10
5	구로구을	합계		56,065	37,018	-	4,412	51,653	41,428
6		거소·선상투표		81	45	-	15.75	65	61
7		관외사전투표		6,247	2,956	-	1,034.60	5,212	3,991
8		국외부재자투표		158	58	-	20.30	138	78
9		국외부재자투표(공관)		1	5	-	1.75	- 1	7
10		신도림동	계	10,650	9,089			9,850	9,889
11		신도림동	관내사전투표	4,044	2,286	-	800.10	3,244	3,086
12		신도림동	선거일투표	6,606	6,803			6,606	6,803
13		구로제1동	계	6,885	4,584			6,317	5,152
14		구로제1동	관내사전투표	3,329	1,623	-	568.05	2,761	2,191
15		구로제1동	선거일투표	3,556	2,961			3,556	2,961
16		구로제2동	계	6,468	4,649			6,047	5,070
17		구로제2동	관내사전투표	2,285	1,203	-	421.05	1,864	1,624
18		구로제2동	선거일투표	4,183	3,446			4,183	3,446
19		구로제3동	계	8,204	3,908			7,793	4,319
20		구로제3동	관내사전투표	3,578	1,174	-	410.90	3,167	1,585
21		구로제3동	선거일투표	4,626	2,734			4,626	2,734
22		구로제4동	계	5,972	3,860			5,581	4,251
23		구로제4동	관내사전투표	2,157	1,117	-	390.95	1,766	1,508
24		구로제4동	선거일투표	3,815	2,743			3,815	2,743
25		구로제5동	계	9,191	6,234			8,615	6,810

홍익표(중구성동구갑) 1만 3,302표 조작!

조작값 35%, 조작규모 1만 3,302표이다. 진수희(통합당)가 받은 사전투표 득표수 1만 9,004표 가운데 35%인 6,651표를 빼앗아서 홍익표(민주당)에게 더해준 사전투표 조작이 실행되었다.

선관위 발표 홍익표 사전투표 득표수는 3만 3,921표이지만, 진짜 득표수 추정치는 2만 7,270표에 지나지 않는다. 선관위 발표에 따르면 홍익표는 1만 7,277표 차이로 승리하였지만, 진짜 득표수 추정치에 따르면 홍익표는 불과 3,974표 차이로 승리했을 뿐이다. 선관위 발표 후보별 득표수가 홍익표(민주당) 득표수를 크게 부풀리고, 진수희(통합당) 득표수를 크게 줄였음을 알 수 있다.

〈4-7-1〉 2020 총선(중구성동구갑), 차이값(관내사전-당일) 그래프

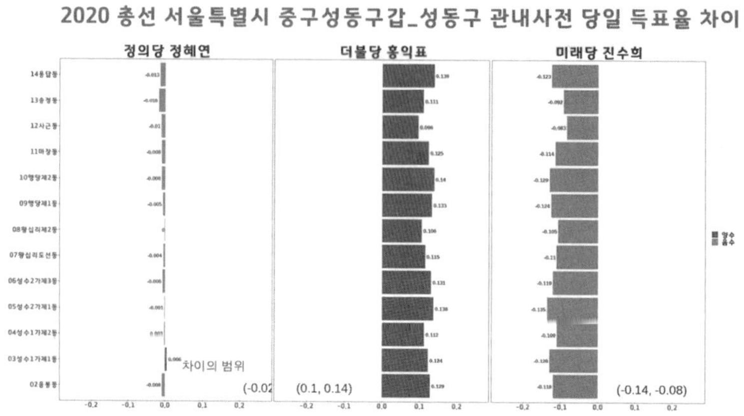

〈4-7-2〉 2020 총선(중구성동구갑), 사전투표 조작

21대 총선 성동구

	더불어민주당	미래통합당	정의당	국가혁명배당금당
	홍익표	진수희	정혜연	이정섭
1.발표득표수	33,921	19,004	2,262	282
득표율기준	0.61	0.34	0.04	0.01
		0.35	-	
2.사전투표 조작수	6,651	6,651	-	-
사전투표 투표인수	0%	35%	0%	0%
	0.12	0.12	-	-
3.예상 득표수	27,270	25,655	2,262	282
득표율 기준	0.49	0.46	0.04	0.01

〈4-7-3〉 2020 총선(중구성동구갑), 조작 상태 vs 조작 제거 상태

	더불어민주당	미래통합당	정의당	국가혁명배당금당
	홍익표	진수희	정혜연	이정섭
1.수정전 사전투표수	33,921	19,004	2,262	282
득표율 기준	0.61	0.34	0.04	0.01
2.수정전 당일투표수	36,462	34,102	3,202	504
득표율 기준	0.48	0.45	0.04	0.01
3.수정전 득표율 차이	0.12	- 0.11	- 0.00	- 0.00
합계	70,383	53,106	5,464	786
4.수정후 사전투표수	27,270	25,655	2,262	282
득표율 기준	0.49	0.46	0.04	0.01
5.수정후 당일투표수	36,462	34,102	3,202	504
득표율 기준	0.48	0.45	0.04	0.01
6.수정후 득표율 차이	0.002	0.004	- 0.002	- 0.002
합계	63,732	59,757	5,464	786
		수정후 득표율 차이는" 0 "에 아주		
	3,974	- 3,974	- 58,268	- 62,946
	승	패	패	패

〈4-7-4〉 2020 총선(중구성동구갑), 동 단위 사전투표 조작

						조작값	조작값	홍익표	진수희
1						조작값	조작값	홍익표	진수희
2	선거구명	읍면동명	구분	더불어민주당	미래통합당	0.0%	35.0%	- 4.00	- 1.00
3				홍익표	진수희	홍익표	진수희	63,735.60	59,758.40
4	중구성동구갑	합계		70,387	53,107	-	6,651	63,732	59,757
5		거소·선상투표		130	68	-	23.80	106	92
6		관외사전투표		7,648	4,202	-	1,470.70	6,177	5,673
7		국외부재자투표		153	126	-	44.10	109	170
8		국외부재자투표(공관)		1	8	-	2.80	- 2	11
9		용봉동	계	4,680	3,786			4,214	4,252
10		용봉동	관내사전투표	2,236	1,332	-	466.20	1,770	1,798
11		용봉동	선거일투표	2,444	2,454			2,444	2,454
12		성수1가제1동	계	4,194	3,866			3,822	4,238
13		성수1가제1동	관내사전투표	1,649	1,063	-	372.05	1,277	1,435
14		성수1가제1동	선거일투표	2,545	2,803			2,545	2,803
15		성수1가제2동	계	4,593	3,517			4,180	3,930
16		성수1가제2동	관내사전투표	2,059	1,179	-	412.65	1,646	1,592
17		성수1가제2동	선거일투표	2,534	2,338			2,534	2,338
18		성수2가제1동	계	4,620	4,108			4,135	4,593
19		성수2가제1동	관내사전투표	2,197	1,385	-	484.75	1,712	1,870
20		성수2가제1동	선거일투표	2,423	2,723			2,423	2,723
21		성수2가제3동	계	3,286	2,934			2,950	3,270
22		성수2가제3동	관내사전투표	1,485	959	-	335.65	1,149	1,295
23		성수2가제3동	선거일투표	1,801	1,975			1,801	1,975
24		왕십리도선동	계	7,371	6,301			6,763	6,909
25		왕십리도선동	관내사전투표	2,806	1,738	-	608.30	2,198	2,346

서영교(중랑구갑) 8,736표 조작!

조작값 35%, 조작규모 8,736표이다. 김삼화(통합당)가 받은 사전투표 득표수 1만 2,481표 가운데 35%인 4,368표를 빼앗아서 서영교(민주당)에게 더해준 사전투표 조작이 실행되었다. 선관위 발표 서영교 사전투표 득표수는 2만 5,711표이지만, 진짜 득표수 추정치는 2만 1,343표에 지나지 않는다.

선관위 발표에 따르면 서영교는 2만 515표 차이로 승리하였지만, 진짜 득표수 추정치에 따르면 서영교는 1만 1,778표 차이로 승리했을 뿐이다. 선관위 발표 후보별 득표수가 서영교(민주당) 득표수를 부풀리고, 김삼화(통합당) 득표수를 줄였음을 알 수 있다.

〈4-8-1〉 2020 총선(중랑구갑), 차이값(관내사전-당일) 그래프

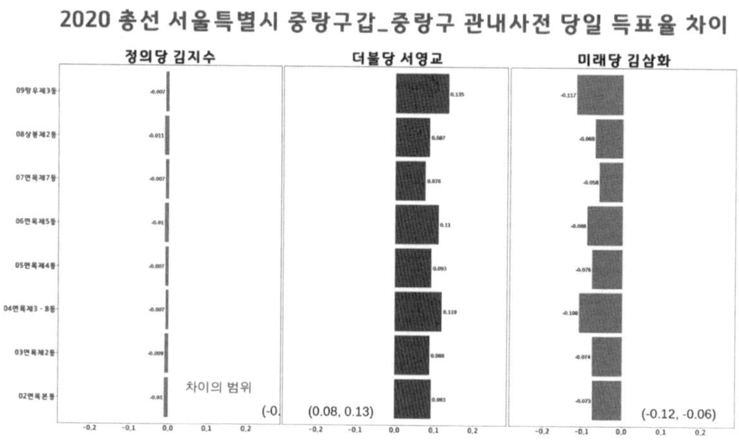

〈4-8-2〉 2020 총선(중랑구갑), 사전투표 조작

	더불어민주당	미래통합당	민생당	정의당
	서영교	김삼화	이기현	김지수
1.발표득표수	25,711	12,481	301	1,002
득표율기준	0.63	0.31	0.01	0.02
		0.35	-	-
2.사전투표 조작수	4,368	4,368	-	-
사전투표 투표인수	0%	35%	0%	0%
	0.11	0.11	-	-
3.예상 득표수	21,343	16,849	301	1,002
득표율 기준	0.52	0.41	0.01	0.02

〈4-8-3〉 2020 총선(중랑구갑), 조작 상태 vs 조작 제거 상태

	더불어민주당	미래통합당	민생당	정의당
	서영교	김삼화	이기현	김지수
1.수정전 사전투표수	25,711	12,481	301	1,002
득표율 기준	0.63	0.31	0.01	0.02
2.수정전 당일투표수	29,474	22,189	453	1,704
득표율 기준	0.53	0.40	0.01	0.03
3.수정전 득표율 차이	0.10	- 0.09	- 0.00	- 0.01
합계	55,185	34,670	754	2,706
4.수정후 사전투표수	21,343	16,849	301	1,002
득표율 기준	0.52	0.41	0.01	0.02
5.수정후 당일투표수	29,474	22,189	453	1,704
득표율 기준	0.53	0.40	0.01	0.03
6.수정후 득표율 차이	- 0.004	0.016	- 0.001	- 0.006
합계	50,817	39,038	754	2,706
	수정후 득표율 차이는" 0 "에 아			
	11,778	- 11,778	- 50,063	- 48,111
	승	패	패	패

〈4-8-4〉 2020 총선(중랑구갑), 동 단위 사전투표 조작

1	선거구명	읍면동명	구분						
2						조작값	조작값	서영교	김삼화
3				더불어민주당	미래통합당	0.0%	35.0%	-	-
4				서영교	김삼화	서영교	김삼화	50,816.65	39,038.35
5	중랑구갑	합계		55,185	34,670	-	4,368	50,817	39,038
6		거소·선상투표		100	48	-	16.80	83	65
7		관외사전투표		5,982	2,471	-	864.85	5,117	3,336
8		국외부재자투표		95	21	-	7.35	88	28
9		국외부재자투표(공관)		4	1	-	0.35	4	1
10		면목본동	계	9,924	6,349			9,207	7,066
11		면목본동	관내사전투표	4,041	2,048	-	716.80	3,324	2,765
12		면목본동	선거일투표	5,883	4,301			5,883	4,301
13		면목제2동	계	6,806	4,394			6,363	4,837
14		면목제2동	관내사전투표	2,495	1,267	-	443.45	2,052	1,710
15		면목제2동	선거일투표	4,311	3,127			4,311	3,127
16		면목제3·8동	계	6,647	4,578			6,311	4,914
17		면목제3·8동	관내사전투표	2,036	961	-	336.35	1,700	1,297
18		면목제3·8동	선거일투표	4,611	3,617			4,611	3,617
19		면목제4동	계	5,636	3,710			5,224	4,122
20		면목제4동	관내사전투표	2,261	1,177	-	411.95	1,849	1,589
21		면목제4동	선거일투표	3,375	2,533			3,375	2,533
22		면목제5동	계	2,990	1,674			2,760	1,904
23		면목제5동	관내사전투표	1,498	656	-	229.60	1,268	886
24		면목제5동	선거일투표	1,492	1,018			1,492	1,018
25		면목제7동	계	6,858	4,593			6,241	5,210

박주민(은평구갑) 1만 1,520표 조작!

조작값 35%, 조작규모 1만 1,520표이다. 홍인정(통합당)이 받은 사전투표 득표수 1만 6,458표 가운데 35%인 5,760표를 빼앗아서 박주민(민주당)에게 더해준 사전투표 조작이 실행되었다. 선관위 발표 박주민 사전투표 득표수는 4만 1,822표이지만, 진짜 득표수 추정치는 3만 6,062표에 지나지 않는다.

선관위 발표에 따르면 박주민은 4만 760표 차이로 승리하였지만, 진짜 득표수 추정치에 따르면 박주민은 2만 9,239표 차이로 승리했

〈4-9-1〉 2020 총선(은평구갑), 차이값(관내사전-당일) 그래프

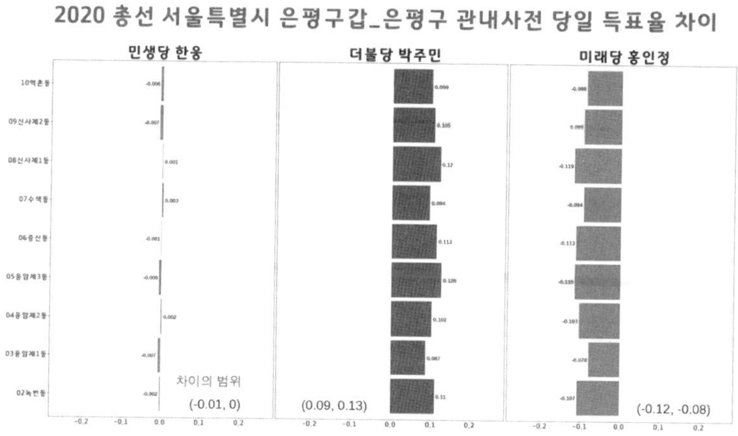

을 뿐이다. 선관위 발표 후보별 득표수가 박주민(민주당) 득표수를 크게 부풀리고, 홍인정(통합당) 득표수를 크게 줄였음을 알 수 있다.

참고로 은평구갑은 사전투표자(5만 9,711명)와 당일투표자(7만 6,034명)를 염두에 두면 〈4-9-1〉처럼 차이값(관내사전-당일투표 득표율)이 크게 차이가 날 수 없다. "표본수가 크면 클수록 후보별 사전투표 득표율과 당일투표 득표율이 같거나 비슷해야 한다"는 통계학 대수의 법칙을 정면으로 위반한 것으로 사전투표 조작의 결정적 증거물 가운데 하나이다.

〈4-9-2〉 2020 총선(은평구갑), 사전투표 조작

	더불어민주당	미래통합당	민생당	국가혁명배당금당
	박주민	홍인정	한웅	노병현
1.발표득표수	41,822	16,458	603	298
득표율기준	0.70	0.28	0.01	0.00
		0.35	-	-
2.사전투표 조작수	5,760	5,760	-	-
사전투표 투표인수	0%	35%	0%	0%
	0.10	0.10	-	-
3.예상 득표수	36,062	22,218	603	298
득표율 기준	0.60	0.37	0.01	0.00

〈4-9-3〉 2020 총선(은평구갑), 조작 상태 vs 조작 제거 상태

	더불어민주당	미래통합당	민생당	국가혁명배당금당
	박주민	홍인정	한웅	노병현
1.수정전 사전투표수	41,822	16,458	603	298
득표율 기준	0.70	0.28	0.01	0.00
2.수정전 당일투표수	44,526	29,130	948	521
득표율 기준	0.59	0.38	0.01	0.01
3.수정전 득표율 차이	0.11	- 0.11	- 0.00	- 0.00
합계	86,348	45,588	1,551	819
4.수정후 사전투표수	36,062	22,218	603	298
득표율 기준	0.60	0.37	0.01	0.00
5.수정후 당일투표수	44,526	29,130	948	521
득표율 기준	0.59	0.38	0.01	0.01
6.수정후 득표율 차이	0.018	- 0.011	- 0.002	- 0.002
합계	80,588	51,348	1,551	819
		수정후 득표율 차이는" 0 "에 아주		
	29,239	- 29,239	- 79,037	- 79,769
	승	패	패	패

〈4-9-4〉 2020 총선(은평구갑), 동 단위 사전투표 조작

1 2	선거구명	읍면동명	구분			조작값	조작값	박주민	홍인정
3				더불어민주당	미래통합당	0.0%	35.0%	- 3.00	- 1.00
4				박주민	홍인정	박주민	홍인정	80,590.70	51,349.30
5	은평구갑	합계		86,351	45,589	-	5,760	80,588	51,348
6		거소·선상투표		189	87	-	30.45	159	117
7		관외사전투표		10,419	3,586	-	1,255.10	9,164	4,841
8		국외부재자투표		221	65	-	22.75	198	88
9		국외부재자투표(공관)		8	3	-	1.05	7	4
10		녹번동	계	11,380	6,812			10,764	7,428
11		녹번동	관내사전투표	4,107	1,759	-	615.65	3,491	2,375
12		녹번동	선거일투표	7,273	5,053			7,273	5,053
13		응암제1동	계	8,169	4,140			7,686	4,623
14		응암제1동	관내사전투표	3,444	1,380	-	483.00	2,961	1,863
15		응암제1동	선거일투표	4,725	2,760			4,725	2,760
16		응암제2동	계	8,063	4,088			7,669	4,482
17		응암제2동	관내사전투표	3,077	1,127	-	394.45	2,683	1,521
18		응암제2동	선거일투표	4,986	2,961			4,986	2,961
19		응암제3동	계	8,783	4,669			8,241	5,211
20		응암제3동	관내사전투표	4,049	1,549	-	542.15	3,507	2,091
21		응암제3동	선거일투표	4,734	3,120			4,734	3,120
22		역촌동	계	14,860	7,848			14,043	8,665
23		역촌동	관내사전투표	5,831	2,334	-	816.90	5,014	3,151
24		역촌동	선거일투표	9,029	5,514			9,029	5,514
25		신사제1동	계	9,859	5,271			9,272	5,858

박홍근(중랑구을) 1만 766표 조작!

조작값 35%, 조작규모 1만 766표이다. 윤상일(통합당)이 받은 사전투표 득표수 1만 5,379표 가운데 35%인 5,383표를 빼앗아서 박홍근(민주당)에게 더해준 사전투표 조작이 실행되었다. 선관위 발표 박홍근 사전투표 득표수는 3만 2,291표이지만, 진짜 득표수 추정치는 2만 6,908표에 지나지 않는다.

선관위 발표에 따르면 박홍근은 2만 6,528표 차이로 승리하였지만, 진짜 득표수 추정치에 따르면 박홍근은 1만 5,763표 차이로 승리했을 뿐이다. 선관위 발표 후보별 득표수가 박홍근(민주당) 득표수를 크게 부풀리고, 윤상일(통합당) 득표수를 크게 줄였음을 알 수 있다.

〈4-10-1〉 2020 총선(중랑구을), 차이값(관내사전-당일) 그래프

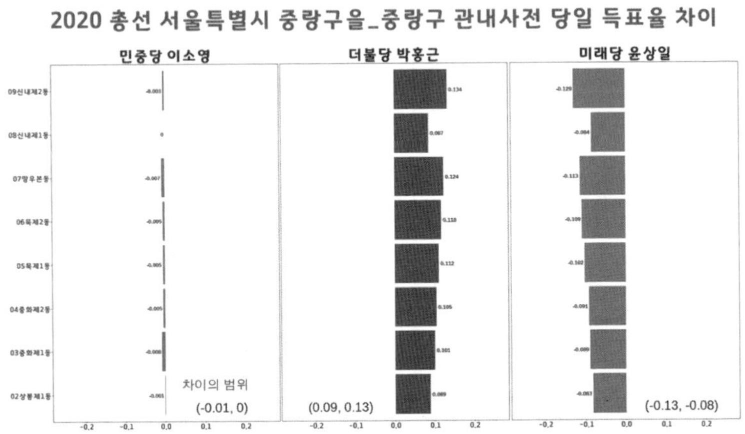

〈4-10-2〉 2020 총선(중랑구을), 사전투표 조작

	더불어민주당	미래통합당	민중당	국가혁명배당금당
	박홍근	윤상일	이소영	신황우
1.발표득표수	32,291	15,379	723	270
득표율기준	0.65	0.31	0.01	0.01
		0.35	-	-
2.사전투표 조작수	5,383	5,383	-	-
사전투표 투표인수	0%	35%	0%	0%
	0.11	0.11	-	-
3.예상 득표수	26,908	20,762	723	270
득표율 기준	0.54	0.42	0.01	0.01

〈4-10-3〉 2020 총선(중랑구을), 조작 상태 vs 조작 제거 상태

	더불어민주당	미래통합당	민중당	국가혁명배당금당
	박홍근	윤상일	이소영	신황우
1.수정전 사전투표수	32,291	15,379	723	270
득표율 기준	0.65	0.31	0.01	0.01
2.수정전 당일투표수	41,840	32,224	1,233	452
득표율 기준	0.54	0.42	0.02	0.01
3.수정전 득표율 차이	0.11	- 0.11	- 0.00	- 0.00
합계	74,131	47,603	1,956	722
4.수정후 사전투표수	26,908	20,762	723	270
득표율 기준	0.54	0.42	0.01	0.01
5.수정후 당일투표수	41,840	32,224	1,233	452
득표율 기준	0.54	0.42	0.02	0.01
6.수정후 득표율 차이	0.002	0.002	- 0.001	- 0.000
합계	68,748	52,986	1,956	722
		수정후 득표율 차이는" 0 "에 아극		
	15,763	- 15,763	- 66,792	- 68,026
	승	패	패	패

〈4-10-4〉 2020 총선(중랑구을), 동 단위 사전투표 조작

	선거구명	읍면동명	구분			조작값	조작값	박홍근	윤상일
1									
2									
3				더불어민주당	미래통합당	0.0%	35.0%	-	-
4				박홍근	윤상일	박홍근	윤상일	68,748.35	52,985.65
5	중랑구을	합계		74,131	47,603	-	5,383	68,748	52,986
6		거소·선상투표		183	120	-	42.00	141	162
7		관외사전투표		7,916	3,467	-	1,213.45	6,703	4,680
8		국외부재자투표		136	52	-	18.20	118	70
9		국외부재자투표(공관)		4	1	-	0.35	4	1
10		상봉제1동	계	7,301	4,670			6,850	5,121
11		상봉제1동	관내사전투표	2,601	1,289	-	451.15	2,150	1,740
12		상봉제1동	선거일투표	4,700	3,381			4,700	3,381
13		중화제1동	계	6,801	4,158			6,273	4,686
14		중화제1동	관내사전투표	3,144	1,508	-	527.80	2,616	2,036
15		중화제1동	선거일투표	3,657	2,650			3,657	2,650
16		중화제2동	계	6,689	4,292			6,382	4,599
17		중화제2동	관내사전투표	1,891	877	-	306.95	1,584	1,184
18		중화제2동	선거일투표	4,798	3,415			4,798	3,415
19		묵제1동	계	10,353	7,207			9,702	7,858
20		묵제1동	관내사전투표	3,669	1,859	-	650.65	3,018	2,510
21		묵제1동	선거일투표	6,684	5,348			6,684	5,348
22		묵제2동	계	6,352	3,940			5,866	4,427
23		묵제2동	관내사전투표	2,997	1,390	-	486.50	2,511	1,877
24		묵제2동	선거일투표	3,355	2,550			3,355	2,550
25		망우본동	계	8,083	6,834			7,426	7,491

박용진(강북구을) 6,450표 조작!

조작값 35%, 조작규모 6,450표이다. 안홍렬(통합당)이 받은 사전투표 득표수 9,213표 가운데 35%인 3,225표를 빼앗아서 박용진(민주당)에게 더해준 사전투표 조작이 실행되었다. 선관위 발표 박홍근 사전투표 득표수는 2만 4,021표이지만, 진짜 득표수 추정치는 2만 796표에 지나지 않는다.

선관위 발표에 따르면 박용진은 2만 6,300표 차이로 승리하였지만, 진짜 득표수 추정치에 따르면 박용진은 1만 9,851표 차이로 승리했을 뿐이다. 선관위 발표 후보별 득표수가 박용진(민주당) 득표수를 부풀리고, 안홍렬(통합당) 득표수를 줄였음을 알 수 있다.

참고로 강북구갑은 사전투표자(3만 3,856명)와 당일투표자(5만 5,778명)를 염두에 두면 〈4-11-1〉처럼 차이값(관내사전-당일투표 득표율)이 크게 차이가 날 수 없다. "표본수가 크면 클수록 후보별 사전투표 득표율과 당일투표 득표율이 같거나 비슷해야 한다"는 통계학 대수의 법칙을 정면으로 위반한 것으로 사전투표 조작의 유력한 증거물 가운데 하나이다.

〈4-11-1〉 2020 총선(강북구을), 차이값(관내사전-당일) 그래프

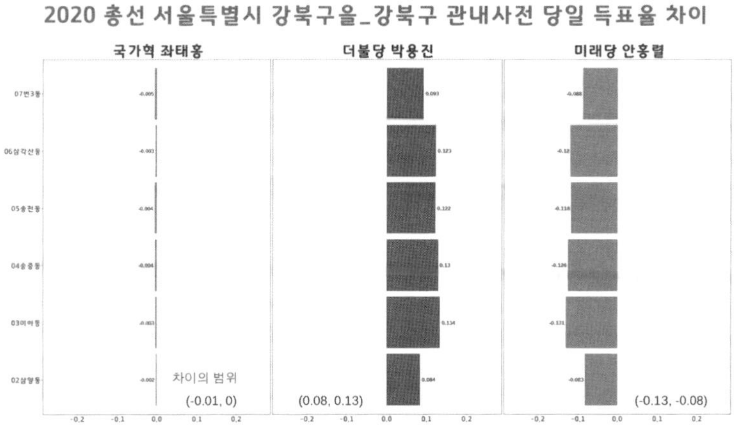

〈4-11-2〉 2020 총선(강북구을), 사전투표 조작

	더불어민주당	미래통합당	국가혁명배당금당
	박용진	안홍렬	좌태홍
1.발표득표수	24,021	9,213	228
득표율기준	0.71	0.27	0.01
		0.35	-
2.사전투표 조작수	3,225	3,225	-
사전투표 투표인수	0%	35%	0%
	0.10	0.10	-
3.예상 득표수	20,796	12,438	228
득표율 기준	0.61	0.37	0.01

〈4-11-3〉 2020 총선(강북구을), 조작 상태 vs 조작 제거 상태

	더불어민주당	미래통합당	국가혁명배당금당
	박용진	안홍렬	좌태홍
1.수정전 사전투표수	24,021	9,213	228
득표율 기준	0.71	0.27	0.01
2.수정전 당일투표수	32,987	21,495	509
득표율 기준	0.59	0.39	0.01
3.수정전 득표율 차이	0.12	- 0.11	- 0.00
합계	57,008	30,708	737
4.수정후 사전투표수	20,796	12,438	228
득표율 기준	0.61	0.37	0.01
5.수정후 당일투표수	32,987	21,495	509
득표율 기준	0.59	0.39	0.01
6.수정후 득표율 차이	0.023	- 0.018	- 0.002
합계	53,783	33,933	737
		수정후 득표율 차이는	
	19,851	- 19,851	- 53,046
	승	패	패

〈4-11-4〉 2020 총선(강북구을), 동 단위 사전투표 조작

	선거구명	읍면동명	구분			조작값	조작값	박용진	안홍렬
1									
2									
3				더불어민주당	미래통합당	0.0%	35.0%	- 5.00	-
4				박홍근	윤상일	박용진	안홍렬	53,788.45	33,932.55
5	중랑구을	합계		74,131	47,603	-	3,225	53,783	33,933
6		거소·선상투표		183	120	-	26.25	75	101
7		관외사전투표		7,916	3,467	-	841.75	5,849	3,247
8		국외부재자투표		136	52	-	12.95	70	50
9		국외부재자투표(공관)		4	1	-	1.40	4	5
10		상봉제1동	계	7,301	4,670			7,114	4,483
11		상봉제1동	관내사전투표	2,601	1,289	-	346.50	1,998	1,337
12		상봉제1동	선거일투표	4,700	3,381			5,116	3,146
13		중화제1동	계	6,801	4,158			7,516	4,574
14		중화제1동	관내사전투표	3,144	1,508	-	411.60	2,917	1,588
15		중화제1동	선거일투표	3,657	2,650			4,599	2,986
16		중화제2동	계	6,689	4,292			8,890	5,625
17		중화제2동	관내사전투표	1,891	877	-	371.70	2,515	1,434
18		중화제2동	선거일투표	4,798	3,415			6,375	4,191
19		묵제1동	계	10,353	7,207			8,304	5,621
20		묵제1동	관내사전투표	3,669	1,859	-	379.05	2,291	1,462
21		묵제1동	선거일투표	6,684	5,348			6,013	4,159
22		묵제2동	계	6,352	3,940			10,651	6,282
23		묵제2동	관내사전투표	2,997	1,390	-	431.55	3,113	1,665
24		묵제2동	선거일투표	3,355	2,550			7,538	4,617
25		망우본동	계	8,083	6,834			5,310	3,946

진성준(강서구을) 1만 1,650표 조작!

조작값 35%, 조작규모 1만 1,650표이다. 김태우(통합당)가 받은 사전투표 득표수 1만 6,644표 가운데 35%인 5,825표를 빼앗아서 진성준(민주당)에게 더해준 사전투표 조작이 실행되었다. 선관위 발표 진성준 사전투표 득표수는 2만 9,825표이지만, 진짜 득표수 추정치는 2만 4,000표에 지나지 않는다.

선관위 발표에 따르면 진성준은 1만 6,404표 차이로 승리하였지만, 진짜 득표수 추정치에 따르면 진성준은 4,753표 차이로 승리했을 뿐이다. 선관위 발표 후보별 득표수가 진성준(민주당) 득표수를 부풀리고, 김태우(통합당) 득표수를 줄였음을 알 수 있다.

〈4-12-1〉 2020 총선(강서구을), 차이값(관내사전-당일) 그래프

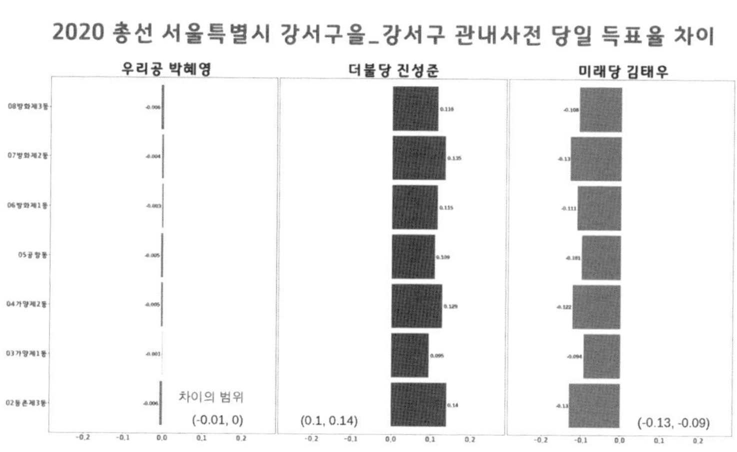

〈4-12-2〉 2020 총선(강서구을), 사전투표 조작

	더불어민주당	미래통합당	우리공화당	국가혁명배당금당
	진성준	김태우	박혜영	정홍대
1.발표득표수	29,825	16,644	316	264
득표율기준	0.63	0.35	0.01	0.01
		0.35	-	-
2.사전투표 조작수	5,825	5,825	-	-
사전투표 투표인수	0%	35%	0%	0%
	0.12	0.12	-	-
3.예상 득표수	24,000	22,469	316	264
득표율 기준	0.50	0.47	0.01	0.01

〈4-12-3〉 2020 총선(강서구을), 조작 상태 vs 조작 제거 상태

	더불어민주당	미래통합당	우리공화당	국가혁명배당금당
	진성준	김태우	박혜영	정홍대
1.수정전 사전투표수	29,825	16,644	316	264
득표율 기준	0.63	0.35	0.01	0.01
2.수정전 당일투표수	36,858	33,635	771	441
득표율 기준	0.51	0.46	0.01	0.01
3.수정전 득표율 차이	0.12	- 0.11	- 0.00	- 0.00
합계	66,683	50,279	1,087	705
4.수정후 사전투표수	24,000	22,469	316	264
득표율 기준	0.50	0.47	0.01	0.01
5.수정후 당일투표수	36,858	33,635	771	441
득표율 기준	0.51	0.46	0.01	0.01
6.수정후 득표율 차이	- 0.002	0.010	- 0.004	- 0.001
합계	60,858	56,104	1,087	705
	수정후 득표율 차이는" 0 "에 아주			
	4,753	- 4,753	- 59,771	- 60,153
	승	패	패	패

〈4-12-4〉 2020 총선(강서구을), 동 단위 사전투표 조작

1 2	선거구명	읍면동명	구분			조작값	조작값	진성준	김태우
3				더불어민주당	미래통합당	0.0%	35.0%	- 1.00	- 2.00
4				진성준	김태우	진성준	김태우	60,858.60	56,106.40
5	강서구을	합계		66,684	50,281	-	5,825	60,858	56,104
6		거소·선상투표		133	143	-	50.05	83	193
7		관외사전투표		7,529	3,967	-	1,388.45	6,141	5,355
8		국외부재자투표		162	60	-	21.00	141	81
9		국외부재자투표(공관)		6	1	-	0.35	6	1
10		등촌제3동	계	9,905	7,655			9,272	8,288
11		등촌제3동	관내사전투표	3,496	1,808	-	632.80	2,863	2,441
12		등촌제3동	선거일투표	6,409	5,847			6,409	5,847
13		가양제1동	계	9,207	7,142			8,599	7,750
14		가양제1동	관내사전투표	2,972	1,736	-	607.60	2,364	2,344
15		가양제1동	선거일투표	6,235	5,406			6,235	5,406
16		가양제2동	계	4,928	4,132			4,450	4,610
17		가양제2동	관내사전투표	2,236	1,367	-	478.45	1,758	1,845
18		가양제2동	선거일투표	2,692	2,765			2,692	2,765
19		공항동	계	7,273	5,311			6,785	5,799
20		공항동	관내사전투표	2,589	1,395	-	488.25	2,101	1,883
21		공항동	선거일투표	4,684	3,916			4,684	3,916
22		방화제1동	계	13,387	10,037			12,474	10,950
23		방화제1동	관내사전투표	4,833	2,608	-	912.80	3,920	3,521
24		방화제1동	선거일투표	8,554	7,429			8,554	7,429
25		방화제2동	계	6,429	5,440			5,921	5,948

강태웅(용산구) 1만 6,340표 조작!

조작값 35%, 조작규모 1만 6,340표이다. 권영세(통합당)가 받은 사전투표 득표수 2만 3,344표 가운데 35%인 8,170표를 빼앗아서 강태웅(민주당)에게 더해준 사전투표 조작이 실행되었다. 선관위 발표 강태웅 사전투표 득표수는 3만 2,286표이지만, 진짜 득표수 추정치는 2만 4,116표에 지나지 않는다.

선관위 발표에 따르면 강태웅은 불과 890표 차이로 아슬아슬하게 패배하였다. 하지만 진짜 득표수 추정치에 따르면 강태웅은 1만 7,231표 차이로 크게 패배했다. 선관위 발표 후보별 득표수는 압도적으로 승리한 권영세(통합당)를 불과 890표 차이로 간신히 승리한 후보로 탈바꿈시켰다.

4·15 총선에서 강남3구를 제외하고 유일하게 사전투표 조작이란 난관을 뚫고 당선된 후보가 권영세다. 기가 차고 말문이 막히는 일이다. 사전투표 득표수 1만 6,340표를 조작했음에도 불구하고, 강태웅(민주당)은 권영세(통합당)를 꺾지 못하였다. 운이 따라주어서 권영세가 890표 차이로 승리한 것이다. 지금 대한민국 공직선거가 이 모양이다.

권영세는 선거가 얼마나 엉망진창인지 잘 알고 있을 것이다. 그럼에도 불구하고 그는 4·15 총선 이후는 물론이고 3·9 대선 과정에서도 선관위와 어떤 갈등이나 불협화음을 빚는 것을 극히 피하는 태도를 일관되게 보여왔다. 그는 대선 과정 내내 그리고 그 이후부터 지금까지 윤석열에 가장 가까운 곳에 있는 정치인 가운데 한 명이다.

나는 국민의힘과 윤석열이 선거 공정성을 회복하는 데 별다른 움직임을 보이지 않을 것임을 일찍부터 예상해왔다. 윤석열 주변에 어떤 인물들이 포진하고 있는지, 그들이 선거에 대해 어떤 문제 인식을 갖고 있는지를 보면 이미 예상 가능한 일이었다. 여전히 기대와 희망을 갖고 있는 사람들도 있지만, 나는 낙관론을 접은 지 오래되었다. 주변 인물들의 문제 인식이 윤석열로 하여금 대선과 지방선거에서 모두 사전투표장으로 달려가게 만드는 데 일정한 역할을 하였다고 본다.

〈4-13-1〉 2020 총선(용산구), 차이값(관내사전-당일) 그래프

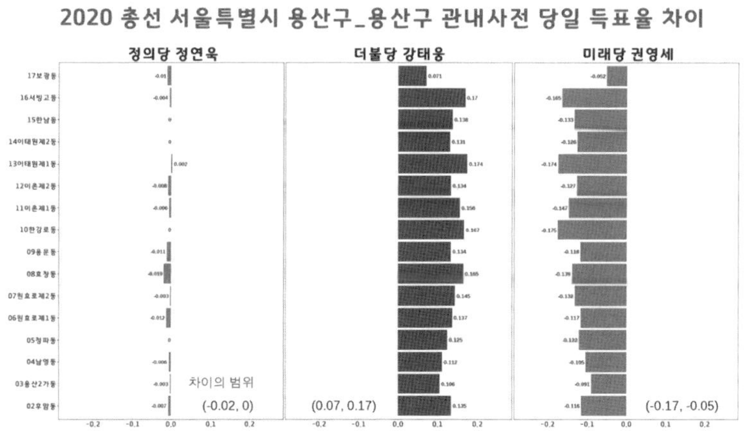

〈4-13-2〉 2020 총선(용산구), 사전투표 조작

	더불어민주당	미래통합당	민생당	정의당
	강태웅	권영세	권혁문	정연욱
1.발표득표수	32,286	23,344	513	1,703
득표율기준	0.55	0.40	0.01	0.03
		0.35	-	-
2.사전투표 조작수	8,170	8,170	-	-
사전투표 투표인수	0%	35%	0%	0%
	0.14	0.14	-	-
3.예상 득표수	24,116	31,514	513	1,703
득표율 기준	0.41	0.54	0.01	0.03

〈4-13-3〉 2020 총선(용산구), 조작 상태 vs 조작 제거 상태

	더불어민주당	미래통합당	민생당	정의당
	강태용	권영세	권혁문	정연욱
1.수정전 사전투표수	32,286	23,344	513	1,703
득표율 기준	0.55	0.40	0.01	0.03
2.수정전 당일투표수	30,715	40,547	798	2,548
득표율 기준	0.40	0.53	0.01	0.03
3.수정전 득표율 차이	0.14	- 0.14	- 0.00	- 0.00
합계	63,001	63,891	1,311	4,251
4.수정후 사전투표수	24,116	31,514	513	1,703
득표율 기준	0.41	0.54	0.01	0.03
5.수정후 당일투표수	30,715	40,547	798	2,548
득표율 기준	0.40	0.53	0.01	0.03
6.수정후 득표율 차이	0.006	0.003	- 0.002	- 0.005
합계	54,831	72,061	1,311	4,251
		수정후 득표율 차이는" 0 "에 아주		
	- 17,231	17,231	- 70,750	- 67,810
	패	승	패	패

〈4-13-4〉 2020 총선(용산구), 동 단위 사전투표 조작

	선거구명	읍면동명	구분	더불어민주당	미래통합당	조작값	조작값	강태용	권영세
1						조작값	조작값	강태용	권영세
2	선거구명	읍면동명	구분	더불어민주당	미래통합당	0.0%	35.0%	-	-
3				강태용	권영세	강태용	권영세	54,830.60	72,061.40
4	용산구	합계		63,001	63,891	-	8,170	54,831	72,061
5		거소·선상투표		105	100	-	35.00	70	135
6		관외사전투표		7,555	5,346	-	1,871.10	5,684	7,217
7		국외부재자투표		190	193	-	67.55	122	261
8		국외부재자투표(공관)		4	6	-	2.10	2	8
9		후암동	계	5,280	3,521			4,849	3,952
10		후암동	관내사전투표	2,548	1,231	-	430.85	2,117	1,662
11		후암동	선거일투표	2,732	2,290			2,732	2,290
12		용산2가동	계	2,920	2,156			2,649	2,427
13		용산2가동	관내사전투표	1,348	773	-	270.55	1,077	1,044
14		용산2가동	선거일투표	1,572	1,383			1,572	1,383
15		남영동	계	2,147	1,501			1,980	1,668
16		남영동	관내사전투표	925	478	-	167.30	758	645
17		남영동	선거일투표	1,222	1,023			1,222	1,023
18		청파동	계	5,232	3,384			4,931	3,685
19		청파동	관내사전투표	1,969	861	-	301.35	1,668	1,162
20		청파동	선거일투표	3,263	2,523			3,263	2,523
21		원효로제1동	계	4,439	3,777			4,003	4,213
22		원효로제1동	관내사전투표	2,036	1,245	-	435.75	1,600	1,681
23		원효로제1동	선거일투표	2,403	2,532			2,403	2,532
24		원효로제2동	계	3,865	3,252			3,516	3,601
25		원효로제2동	관내사전투표	1,720	997	-	348.95	1,371	1,346

제5장

사전투표 조작과 8개 선거구

4·15 총선에서 당선된 서울 지역의 민주당 국회의원 41명 가운데 8석은 통합당 몫으로 추정된다. 선관위 발표 후보별 득표수에서 찾아낸 조작값으로 사전투표를 조작하지 않은 상태, 즉 후보별 진짜 득표수를 복원하게 되면 8개 선거구에서 통합당이 승리한 것으로 분석 결과가 나온다. 대부분 선거구에서 1만 표 이상 조작하였기 때문에 접전 지역에서 통합당 후보가 당선될 가능성은 거의 없다. 1만 표 이상을 조작하는데 무슨 수로 당선될 수 있겠는가!

1

5,000표 이상, 미래통합당 승리 선거구

후보별 진짜 득표수 추정치에 따르면, 미래통합당 후보들은 5개 선거구(광진구을, 중구, 강동구갑, 영등포을, 양천구갑)에서 민주당 후보들을 5,000표 이상으로 꺾었다. 실제로 5,000표 이상 격차를 내고 승리했지만, 5개 선거구에서 모두 1만 1,000~1만 5,000표가량의 사전투표 조작이 있었기 때문에 통합당 후보들은 억울하게 패배하였다.

광진구을(오세훈 vs 고민정) 1만 2,596표 조작!

오세훈(통합당)과 고민정(민주당)이 대결한 4·15 총선의 광진구을 선관위 발표 후보별 득표수는 조작값 35%가 전산 프로그램에 입력되어 '만들어진 숫자들'이다. 사전투표 조작을 위해 이동된 득표수는 1만 2,596표이다. 진짜 득표수 추정치에 따르면 오세훈이 9,847표 차이로 고민정에게 승리한 선거였다. 선관위 발표 후보별 득표수의 분석 결과는 다음과 같다.

첫째, 차이값(관내사전투표 득표율-당일투표 득표율)은 정상적인 투표에서는 도저히 나올 수 없는 숫자들이다. 7개 동에서 오세훈(통합당)은 최소 -9%, 최대 -10%를 기록하고 있고, 고민정(민주당)은 최소 +10%에서 최대 +15%를 기록하고 있다. 광진구을의 사전투표 투표자수 4만 4,000명, 당일투표 투표자수 6만 3,000명을 염두에 두면 차이값은 오차범위(0~3%) 내에 속해야 한다. "표본의 수가 큰 경우에 사전투표 득표율과 당일투표 득표율은 같거나 비슷해야 한다"는 통계학 대수의 법칙을 정면으로 위반하는 차이값이다. 사전투표 조작이 있었다는 것을 입증하는 강력한 증거물이다(〈5-1-1〉 참조).

〈5-1-1〉 2020 총선(광진구을), 차이값(관내사전-당일) 그래프

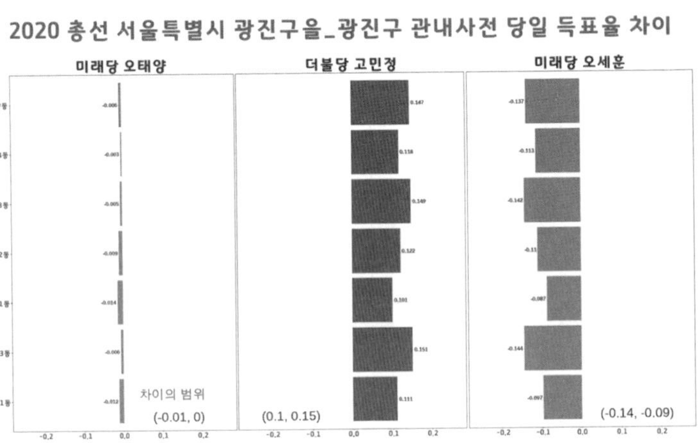

〈5-1-2〉 2020 총선(광진구을), 사전투표 조작

21대 총선 광진구 을 사전투표 조작

	더불어민주당	미래통합당	국가혁명배당금당	미래당	0	0	0	0	0	사전투표
	고민정	오세훈	허경연	오태양	0	0	0	0	0	투표인수
1.발표득표수	25,934	17,993	130	445	0	0	0	0	0	44,863
득표율기준	0.58	0.40	0.00	0.01	-	-			-	
		0.35	-	-			-			본인표중
2.사전투표 조작수	6,298	6,298	-	-	-	-	-	-	-	총조작값
사전투표 투표인수	0%	35%	0%	0%	0%	0%	0%	0%	0%	35.0%
	0.14	0.14	-	-						
3.예상 득표수	19,636	24,291	130	445	0	0				
득표율 기준	0.44	0.54	0.00	0.01	-	-			-	

둘째, 오세훈은 자신이 받은 사전투표 득표수 1만 7,993표 가운데 35%에 해당하는 6,298표를 빼앗겼다. 반면 고민정의 사전투표 득표수에는 오세훈에게 빼앗은 것만큼 더해지게 된다. 사전투표 증감에 활용된 득표수는 6,298표의 2배인 1만 2,596표이다. 사전투표 조작에 힘입어 고민정의 사전투표 득표율은 정상적인 투표였다면 44%를 기록할 것으로 예상되지만, 선관위 발표 고민정 사전투표 득표율은 +14%가 증가된 58%를 기록하게 된다. 반면 오세훈은 -14%가 내려앉은 40%를 기록하게 된다(〈5-1-2〉 참조).

셋째, 선관위 발표 후보별 득표수에 따르면 고민정은 오세훈에게 2,748표 차이(=54,210-51,462)로 승리하였다(〈5-1-3〉 3번 참조). 하지만 선관위 발표 후보별 득표수에 포함된 사전투표 득표수 증감 작업을 제거하고 나면 오세훈이 9,847표(=47,912-57,760)로 승리한 선거였다(〈5-1-3〉 6번 참조). 선관위는 9,847표로 승리한 오세훈을 2,748표로 패배한 후보로 만들었다.

넷째, 사전투표 조작은 투표소 단위 혹은 동 단위에서 행해졌다. 선관위 발표 후보별 득표수를 분석한 결과, 선관위 선거 데이터가

〈5-1-3〉 2020 총선(광진구을), 조작 상태 vs 조작 제거 상태

수정전.후 사전투표와 당일투표 차이

	더불어민주당	미래통합당	국가혁명배당금당	미래당	0	0				총투표
	고민정	오세훈	허정연	오태양	0	0				투표인수
1.수정전 사전투표수	25,934	17,993	130	445	-	-			-	108,574
득표율 기준	0.58	0.40	0.00	0.01	-	-			-	
2.수정전 당일투표수	28,276	33,469	240	1,129	-	-	-			당일투표
득표율 기준	0.44	0.53	0.00	0.02	-	-			-	투표인수
3.수정전 득표율 차이	0.13	- 0.12	- 0.00	- 0.01	-	-			-	63,711
합계	54,210	51,462	370	1,574	-	-			-	
4.수정후 사전투표수	19,636	24,291	130	445	-	-			-	사전투표
득표율 기준	0.44	0.54	0.00	0.01	-	-			-	투표인수
5.수정후 당일투표수	28,276	33,469	240	1,129	-	-			-	44,863
득표율 기준	0.44	0.53	0.00	0.02	-	-			-	
6.수정후 득표율 차이	- 0.006	0.016	- 0.001	- 0.008	-	-			-	
합계	47,912	57,760	370	1,574	-	-			-	

수정후 득표율 차이는" 0 "에 아주 가까우며 ? 를 넘지않는다

- 9,847	9,847	- 47,542	- 46,338	- 47,912
승	패	패	패	패

오세훈이 받은 사전투표 득표수에서 35%를 고민정에게 이동시키는 전산 프로그램과 조작값을 활용해서 '만들어진 숫자'임을 확인하게 된다. 조작값 35%를 모든 투표소 그리고 동 단위에서 적용했다.

〈5-1-4〉의 왼쪽은 선관위 발표 후보별 득표수, 중앙은 오세훈이 동 단위에서 빼앗긴 사전투표 득표수, 오른쪽은 재야 전문가에 의한 후보별 진짜 득표수 추정치다. 왼쪽에서 중앙의 사전투표 득표수 증감 작업을 제거하게 되면 오른쪽의 후보별 진짜 득표수를 얻을 수 있다.

예를 들어 광진구을 구의1동의 선관위 발표 고민정 관내사전투표 득표수(2,696표)와 오세훈 관내사전투표 득표수(1,648표)는 모두 '만들어진 숫자', 즉 가짜 득표수이다. 고민정은 중앙의 조작된 득표수가 더해진 상태이고, 오세훈은 중앙의 조작된 득표수만큼 빼앗긴 상태이다. 이를 정상 상태로 되돌리기 위해 왼쪽의 고민정 관내사전투표 득표수에서 577표(576.80표 반올림 처리)를 빼면 오른쪽의 고민

〈5-1-4〉 2020 총선(광진구을), 동 단위 사전투표 조작

1 2	선거구명	읍면동명	구분			조작값	조작값	고민정	오세훈
3				더불어민주당	미래통합당	0.0%	35.0%	-	- 2.00
4				고민정	오세훈	고민정	오세훈	47,912.45	57,761.55
5	광진구을	합계		54,210	51,464	-	6,298	47,912	57,760
6		거소·선상투표		66	01	-	28.35	38	109
7		관외사전투표		6,439	4,177	-	1,461.95	4,977	5,639
8		국외부재자투표		140	74	-	25.90	114	100
9		국외부재자투표(공관)		9	2	-	0.70	8	3
10		구의제1동	계	6,738	5,443			6,161	6,020
11		구의제1동	관내사전투표	2,696	1,648	-	576.80	2,119	2,225
12		구의제1동	선거일투표	4,042	3,795			4,042	3,795
13		구의제3동	계	7,977	9,424			7,158	10,243
14		구의제3동	관내사전투표	3,007	2,341	-	819.35	2,188	3,160
15		구의제3동	선거일투표	4,970	7,083			4,970	7,083
16		자양제1동	계	6,991	5,864			6,285	6,570
17		자양제1동	관내사전투표	3,042	2,016	-	705.60	2,336	2,722
18		자양제1동	선거일투표	3,949	3,848			3,949	3,848
19		자양제2동	계	6,985	6,917			6,332	7,570
20		자양제2동	관내사전투표	2,599	1,867	-	653.45	1,946	2,520
21		자양제2동	선거일투표	4,386	5,050			4,386	5,050
22		자양제3동	계	7,597	9,466			6,593	10,471
23		자양제3동	관내사전투표	3,356	2,870	-	1,004.50	2,352	3,875
24		자양제3동	선거일투표	4,241	6,596			4,241	6,596
25		자양제4동	계	5,108	5,285			4,503	5,890

정 진짜 관내사전투표 득표수(2,119표)를 얻을 수 있다. 마찬가지로 왼쪽의 오세훈 관내사전투표 득표수에서 577표를 더하면 오른쪽의 오세훈 진짜 관내사전투표 득표수(2,225표)를 구할 수 있다. 다음과 같은 등식으로 표현할 수 있다.

선관위 발표 고민정 관내사전투표 득표수(2,696표) – 오세훈에게서 빼앗은 관내사전투표 득표수(577표) = 고민정 진짜 관내사전투표 득표수(2,119표)

다섯째, 조작값 35%는 선관위 발표 후보별 득표수에서 찾아낸 것이다. 〈5-1-5〉의 상단은 선관위 발표 후보별 득표수에서 후보별 사전투표 득표율, 당일투표 득표율 그리고 차이값을 말한다. 예를

〈5-1-5〉 2020 총선(광진구을), 조작값 35% 발견

0.58	0.40	0.00	0.01	-	-	-	
0.45	0.53	0.00	0.02	-	-	-	
0.13	- 0.13	- 0.00	- 0.01	-	-	-	0.27
A	B+C+D+E+F						
0.13475	- 0.13475						
0.44	0.55	0.00	0.01	-	-	-	
0.45	0.53	0.00	0.02	-	-	-	
- 0.01	0.02	- 0.00	- 0.01	-	-	-	- 0.01
A	B+C+D+E+F						
- 0.00677	0.00677						

들어 고민정 사전투표 득표율 58%, 당일투표 득표율 45%, 차이값 +13%이다. 정상적인 투표에서 나올 수 없는 차이값 크기다.

다양한 조작값 후보들, 이를테면 5%, 10%, 15% 등을 차례차례로 입력하는 과정에서 조작값 35%를 찾아내게 된다. 〈5-1-5〉의 하단은 조작값 35%를 찾아낸 순간의 후보별 사전투표 득표율, 당일투표 득표율 그리고 차이값이다. 고민정의 차이값 +13.475%와 오세훈의 차이값 -13.475%는 조작값 35%에서 더 이상 줄일 수 없을 정도로 오차범위 내의 작은 값이 된다. 이때 차이값의 크기는 고민정 -0.677%, 오세훈 +0.677%에 불과하다. 정상적인 투표에서 나와야 하는 차이값을 구할 수 있게 되었다. 이것이 뜻하는 바는 선관위 발표 후보별 득표수가 조작값 35%를 사용하여 일정한 규칙에 따라 '만들어진 숫자'임을 뜻한다.

여섯째, 선관위 발표 후보별 득표수와 이것으로부터 복원된 후보별 진짜 득표수는 뚜렷한 대조를 보인다. 〈5-1-6〉의 오른쪽은 선관

〈5-1-6〉 2020 총선(광진구을), 수정 상태 vs 조작 상태

21대 총선 광진구 을 사전투표 조작

	예상발표	선관위발표
	정상	비정상
고민정	- 0.011	0.127
오세훈	0.010	- 0.129
허정연	- 0.001	- 0.001
오태양	- 0.008	- 0.008

위 발표 후보별 득표수에 바탕을 둔 차이값(사전-당일투표 득표율)의 평균치다. 표를 빼앗긴 오세훈은 -12.9%, 표를 공짜로 얻은 고민정은 +12.7%를 기록하고 있다. 사전투표 조작의 대상이 되지 않은 두 후보의 차이값은 무시할 만한 수준이다.

왼쪽은 후보별 진짜 차이값(진짜 사전투표 득표율-당일투표 득표율)이다(〈5-1-6〉 참조). 선관위 발표 후보별 득표수로부터 찾아낸 조작값 35%를 이용해서 각 후보의 진짜 사전투표 득표율을 구한 다음에 얻은 진짜 차이값이다. 고민정 -1.1%, 오세훈 +1.0%는 모두 오차범위 내의 정상적인 투표 결과임을 알 수 있다.

사전투표 조작의 대상이 된 오세훈과 고민정의 그래프는 진짜와 가짜 그래프가 현저하게 다르다. 반면 사전투표 대상이 되지 않은 두 후보의 그래프는 진짜와 가짜 그래프 사이에 아무런 차이가 없다. 이처럼 숫자에 손을 대면 뚜렷하게 개입의 증거물이 남게 된다.

일곱째, 사전투표 조작은 투표소 단위마다 혹은 동 단위마다 득

〈5-1-7〉 2020 총선(광진구을), 조작 상태(선관위) vs 수정 상태(재야 전문가)

	선거구명	읍면동명	구분	고민정	오세훈	고민정	오세훈
1–4							
5	광진구을	합계					
6		거소·선상투표		-0.03	-0.02	-0.21	0.16
7		관외사전투표		0.15	-0.14	0.01	-0.01
8		국외부재자투표		0.21	-0.18	0.09	-0.06
9		국외부재자투표(공관)		0.37	-0.34	0.31	-0.28
10		구의제1동	계				
11		구의제1동	관내사전투표				
12		구의제1동	선거일투표				
13		구의제3동	계	0.11	-0.09	-0.02	0.04
14		구의제3동	관내사전투표				
15		구의제3동	선거일투표				
16		자양제1동	계	0.15	-0.14	0.00	0.01
17		자양제1동	관내사전투표				
18		자양제1동	선거일투표				
19		자양제2동	계	0.10	-0.08	-0.03	0.05
20		자양제2동	관내사전투표				
21		자양제2동	선거일투표				
22		자양제3동	계	0.12	-0.11	-0.02	0.04
23		자양제3동	관내사전투표				
24		자양제3동	선거일투표				
25		자양제4동	계	0.15	-0.14	-0.01	0.02

표수를 빼앗아서 더해주는 방식으로 진행된다. 〈5-1-7〉의 왼쪽은 동 단위에서 선관위 발표 후보별 득표수 차이값(사전-당일투표 득표율)과 후보별 진짜 득표수 차이값을 대조한 것이다. 왼쪽은 조작 상태인 후보별 가짜 득표수에 바탕을 둔 가짜 차이값이고, 오른쪽은 조작이 제거된 상태인 후보별 진짜 득표수에 바탕을 둔 진짜 차이값이다.

왼쪽은 마치 군대가 열병식을 하듯이 고민정은 동 단위에서도

한 곳도 예외가 없이 모든 곳에서 차이값(사전-당일투표 득표율)이 플러스 값을 갖는다. 반면 오세훈은 전부 마이너스 값을 갖는다. 사전투표 조작을 통해 오세훈에게 표를 빼앗고, 고민정에게 표를 더해주면 이렇게 흔적이 남는다.

선관위 발표 후보별 득표수에서 찾아낸 조작값 35%를 갖고 복원한 진짜 득표수의 차이값이 오른쪽이다. 차이값(관내사전-당일투표 득표율)은 차이값이 적고 플러스 값과 마이너스 값이 함께 나타나는 것을 확인할 수 있다. 조작하지 않은 상태에서 득표수와 득표율, 그리고 차이값(사전-당일투표 득표율)이 어떠해야 하는가를 말해준다.

여덟째, 후보별 사전투표 증감 작업을 강행한 결과 고민정은 유난히 사전투표 득표수가 많고 오세훈은 유난히 사전투표 득표수가 적

〈5-1-8〉 2020 총선(광진구을), 사전:당일 득표수 비율

구분	선거인수	투표수	더불어민주당 고민정	미래통합당 오세훈	국가혁명배당금당 허정연
사전투표	45,400	44,863	25,934	17,993	130
당일투표	107,126	63,711	28,276	33,469	240
합 계	152,526	108,574	54,210	51,462	370
기존합계	152,526	108,576	54,210	51,464	370
	사전:당일 비율		0.92	0.54	0.54
사전투표	45,400	44,863	19,636	24,291	130
당일투표	107,126	63,711	28,276	33,469	240
합 계	152,526	108,574	47,912	57,760	370
기존합계	152,526	108,576	47,912	57,760	370
	사전:당일 비율		0.69	0.73	0.54

어지게 된다. 〈5-1-8〉은 후보별로 자신이 받은 당일투표지 100장당 사전투표지 몇 장을 받았는지를 보여주고 있다. 이른바 사전:당일 비율이다. 상단은 선관위 발표 후보별 득표수이고 하단은 진짜 후보별 득표수 추정치에 바탕을 두고 있다.

고민정의 경우 진짜는 0.69인데, 가짜는 0.92이다. 뭘 말하는가? 고민정에게 사전투표 득표수를 쑤셔 넣었기 때문에 정상투표에서는 100장당 69장을 받았어야 하는 고민정이 갑자기 92장을 받게 되었다는 말이다. 선관위 발표 고민정 득표수에서 사전투표지 숫자가 크게 늘어나게 된다.

오세훈의 진짜는 0.73인데, 가짜는 0.54이다. 정상적인 투표가 치러졌다면 오세훈은 당일투표지 100장당 사전투표지 73장을 받았어야 했다. 그런데 선관위 발표에 따르면 오세훈은 당일투표지 100장당 사전투표지 54장밖에 받지 못했다. 무슨 말인가? 사전투표지를 도둑질당했기 때문에 선관위 발표 오세훈 득표수에서 사전투표지는 54장으로 쪼그라들고 만다. 표를 쑤셔 넣어준 고민정과 표를 약탈당한 오세훈의 사전:당일 비율은 크게 차이가 난다.

중구(지상욱 vs 박성준) 1만 4,436표 조작!

지상욱(통합당)과 박성준(민주당)이 대결한 4·15 총선의 중구 성동구을 선관위 발표 후보별 득표수는 조작값 35%가 전산 프로그램에 입력되어 '만들어진 숫자들'이다. 사전투표 조작을 위해 이동된 득표수는 1만 4,436표이다. 진짜 득표수 추정치에 따르면 지상욱이

〈5-2-1〉 2020 총선(중구), 차이값(관내사전-당일) 그래프

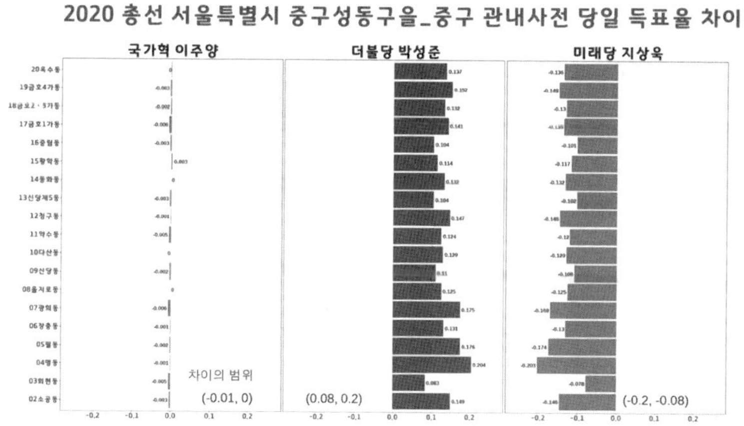

8,666표 차이로 박성준에게 승리한 선거였다. 선관위 발표 후보별 득표수의 분석 결과는 다음과 같다.

첫째, 19개 동에서 지상욱 차이값(관내사전-당일투표 득표율)은 최소 -8%, 최대 -20%이다. 박성준 차이값은 최소 +8%, 최대 +20%이다. 사전투표 조작 없이는 도저히 나올 수 없는 차이값이다. 후보별 사전투표 득표율과 당일투표 득표율이 같거나 비슷해야 한다는 통계학의 대들보인 '대수의 법칙'을 뒤엎은 선거 결과이다(〈5-2-1〉 참조).

둘째, 지상욱이 얻은 사전투표 득표수 2만 624표 가운데 35%(7,218표)를 빼앗아서 박성준에게 더해준 선거 데이터가 선관위 발표 후보별 득표수이다. 사전투표 조작을 위해 동원된 득표수는 7,218표의 2배인 1만 4,436표이다(〈5-2-2〉 참조).

셋째, 선관위 발표 후보별 득표수에 따르면 지상욱은 5,771표 차이(=6만 4,068-5만 8,297)로 패배하였다. 그러나 선관위 발표 후보별

〈5-2-2〉 2020 총선(중구), 사전투표 조작

	더불어민주당	미래통합당	국가혁명배당금당		사전투표
	박성준	지상욱	이주양		투표인수
1.발표득표수	31,114	20,624	362		52,643
득표율기준	0.59	0.39	0.01	-	
		0.35	-		본인표중
2.사전투표 조작수	7,218	7,218	-	-	총조작값
사전투표 투표인수	0%	35%	0%	0%	35.0%
	0.14	0.14	-	-	
3.예상 득표수	23,896	27,842	362	0	
득표율 기준	0.45	0.53	0.01	-	

〈5-2-3〉 2020 총선(중구), 조작 상태 vs 조작 제거 상태

	더불어민주당	미래통합당	국가혁명배당금당	총투표
	박성준	지상욱	이주양	투표인수
1.수정전 사전투표수	31,114	20,624	362	124,693
득표율 기준	0.59	0.39	0.01	
2.수정전 당일투표수	32,954	37,673	575	당일투표
득표율 기준	0.46	0.52	0.01	투표인수
3.수정전 득표율 차이	0.13	- 0.13	- 0.00	72,050
합계	64,068	58,297	937	
4.수정후 사전투표수	23,896	27,842	362	사전투표
득표율 기준	0.45	0.53	0.01	투표인수
5.수정후 당일투표수	32,954	37,673	575	52,643
득표율 기준	0.46	0.52	0.01	
6.수정후 득표율 차이	- 0.003	0.006	- 0.001	
합계	56,850	65,515	937	
	수정후 득표율 차이는"			
	- 8,666	8,666	- 64,578	
	패	승	패	

득표수에 포함된 사전투표 득표수 증감을 제거하고 나면 지상욱(통합당)이 박성준(민주당)을 8,666표(=6만 5,515-5만 6,850)로 앞선 선거였다. 후보별 가짜 득표수는 박성준 승리, 후보별 진짜 득표수 추정치는 지상욱 승리를 뜻한다(〈5-2-3〉 참조).

넷째, 사전투표 조작은 거소선상투표, 관외사전투표, 국외부재자투표, 동 단위 관내사전투표 등 모든 사전투표를 대상으로 행해졌다. 특히 동 단위의 관내사전투표 조작이 압도적인 비중을 차지하였다. 왼쪽은 선관위 발표 후보별 득표수이고 오른쪽은 후보별 진짜 득표수 추정치다. 중앙은 지상욱(통합당) 후보가 빼앗긴 득표수이다. 왼쪽의 선관위 발표 후보별 득표수에는 지상욱이 빼앗긴 득표수가 포함되어 있다(〈5-2-4〉 참조).

〈5-2-4〉 2020 총선(중구), 동 단위 사전투표 조작

1						조작값	조작값	박성준	지상욱
2	선거구명	읍면동명	구분	더불어민주당	미래통합당	0.0%	35.0%	- 3.00	- 3.00
3				박성준	지상욱	박성준	지상욱	56,852.60	65,518.40
4	중구성동구을	합계		64,071	58,300	-	7,218	56,850	65,515
5		거소·선상투표		116	187	-	65.45	51	252
6		관외사전투표		7,310	4,773	-	1,670.55	5,639	6,444
7		국외부재자투표		184	111	-	38.85	145	150
8		국외부재자투표(공관)		6	12	-	4.20	2	16
9		소공동	계	529	626			463	692
10		소공동	관내사전투표	233	189	-	66.15	167	255
11		소공동	선거일투표	296	437			296	437
12		회현동	계	1,059	1,381			877	1,563
13		회현동	관내사전투표	485	521	-	182.35	303	703
14		회현동	선거일투표	574	860			574	860
15		명동	계	590	760			491	859
16		명동	관내사전투표	343	283	-	99.05	244	382
17		명동	선거일투표	247	477			247	477
18		필동	계	1,414	1,194			1,238	1,370
19		필동	관내사전투표	846	503	-	176.05	670	679
20		필동	선거일투표	568	691			568	691
21		장충동	계	1,425	1,155			1,278	1,302
22		장충동	관내사전투표	704	419	-	146.65	557	566
23		장충동	선거일투표	721	736			721	736
24		광희동	계	1,032	1,205			955	1,282
25		광희동	관내사전투표	321	221	-	77.35	244	298

〈5-2-5〉 2020 총선(중구), 조작값 35% 발견

0.60	0.40	0.01	-	-	-	-	
0.46	0.53	0.01	-	-	-	-	
0.13	- 0.13	- 0.00	-	-	-	-	0.27
A	B+C+D+E+F						
0.13437	- 0.13437						
0.46	0.53	0.01	-	-	-	-	
0.46	0.53	0.01	-	-	-	-	
- 0.00	0.01	- 0.00	-	-	-	-	- 0.01
A	B+C+D+E+F						
- 0.00418	0.00418						

다섯째, 선관위 발표 후보별 득표수가 〈5-2-5〉의 상단에 있다. 그리고 조작값 35%를 찾아낸 순간의 후보별 진짜 득표수가 하단에 있다. 상단의 후보별 차이값(사전-당일)인 박성준 차이값(+13.437%)과 지상욱 차이값(-13.437%)은 선관위 발표 후보별 득표수가 사전투표 증감 작업을 포함하고 있음을 뜻한다. 조작값 35%를 찾아낸 바로 그 순간에 후보별 득표수의 차이값(사전-당일)은 -0.418%, +0.418%로 오차범위 내의 숫자로 작아진다. 정상적인 투표를 뜻한다(〈5-2-5〉 참조).

여섯째, 차이값 평균치를 중심으로 왼쪽의 후보별 진짜 득표수와 오른쪽의 후보별 선관위 발표 득표수를 비교하면 크게 대조적이다. 왼쪽은 사전투표 조작이 없는 정상 상태를 말한다. 오른쪽은 박성준과 지상욱에 대한 사전투표 증감 작업이 있었음을 알 수 있다(〈5-2-6〉 참조).

〈5-2-6〉 2020 총선(중구), 수정 상태 vs 조작 상태

21대 총선 중구 사전투표 조작

	예상발표	선관위발표
	정상	비정상
박성준	- 0.011	0.124
지상욱	- 0.003	- 0.137
이주양	- 0.001	- 0.001

〈5-2-7〉 2020 총선(중구), 조작 상태(선관위) vs 수정 상태(재야 전문가)

1							
2	선거구명	읍면동명	구분				
3				박성준	지상욱	박성준	지상욱
4	중구성동구을	합계					
5		거소·선상투표		- 0.11	0.04	- 0.31	0.24
6		관외사전투표		0.13	- 0.14	- 0.00	- 0.00
7		국외부재자투표		0.16	- 0.15	0.03	- 0.02
8		국외부재자투표(공관)		- 0.12	0.14	- 0.36	0.38
9		소공동	계				
10		소공동	관내사전투표				
11		소공동	선거일투표				
12		회현동	계	0.15	- 0.14	- 0.00	0.02
13		회현동	관내사전투표				
14		회현동	선거일투표				
15		명동	계	0.08	- 0.08	- 0.09	0.10
16		명동	관내사전투표				
17		명동	선거일투표				
18		필동	계	0.20	- 0.20	0.05	- 0.05
19		필동	관내사전투표				
20		필동	선거일투표				
21		장충동	계	0.18	- 0.17	0.05	- 0.04
22		장충동	관내사전투표				
23		장충동	선거일투표				
24		광희동	계	0.13	- 0.12	0.01	0.00
25		광희동	관내사전투표				

일곱째, 왼쪽은 거소선상, 관외사전, 국외부재자는 물론이고 동 단위 관내사전투표 조작이 실행에 옮겨진 선관위 발표 후보별 득표수를 말한다. 오른쪽은 조작값 35%를 찾아낸 다음 이를 이용해서 사전투표 조작을 제거한 상태의 동 단위의 차이값이다. 왼쪽의 조작된 상태와 오른쪽의 조작이 제거된 상태는 완전히 상호 대조적이다. 왼쪽의 조작된 상태는 선관위 발표 후보별 득표수이다(〈5-2-7〉 참조).

여덟째, 사전:당일 비율은 후보별 당일투표지 100장당 사전투표 시 몇 장을 받았는지 비율을 말한다. 상단은 선관위 발표 후보별 득표수 기준이고, 하단은 후보별 진짜 득표수 기준이다. 박성준의 사전:당일 비율은 0.73에서 0.94로 껑충 뛰어오른다. 사전투표 조작으로 박성준이 받은 사전투표 득표수가 크게 늘어났음을 뜻한다. 반면 지상욱은 0.74에서 0.55로 줄어들게 된다. 표를 빼앗겼기 때문이다.

〈5-2-8〉 2020 총선(중구), 사전:당일 득표수 비율

구분	선거인수	투표수	더불어민주당 박성준	미래통합당 지상욱	국가혁명배당금당 이주양
사전투표	53,507	52,643	31,114	20,624	362
당일투표	130,272	72,050	32,954	37,673	575
합 계	183,779	124,693	64,068	58,297	937
기존합계	183,779	124,700	64,071	58,300	937
	사전:당일 비율		0.94	0.55	0.63
사전투표	53,507	52,643	23,896	27,842	362
당일투표	130,272	72,050	32,954	37,673	575
합 계	183,779	124,693	56,850	65,515	937
기존합계	183,779	124,700	56,850	65,515	937
	사전:당일 비율		0.73	0.74	0.63

강동구갑(이수희 vs 진선미) 1만 4,526표 조작!

이수희(통합당)와 진선미(민주당)가 대결한 4·15 총선의 강동구갑 선관위 발표 후보별 득표수는 조작값 30%가 전산 프로그램에 입력되어 '만들어진 숫자들'이다. 사전투표 조작을 위해 이동된 득표수는 이수희(통합당)가 빼앗긴 사전투표 득표수 7,263표의 2배인 1만 4,526표이다.

진짜 득표수 추정치에 따르면 이수희(통합당)가 8,606표 차이(이수희 8만 1,702표, 진선미 7만 3,097표)로 승리한 선거였다. 그러나 선관위 발표 후보별 득표수에 따르면 진선미(민주당)가 5,921표 차이(이수희 7만 4,439표, 진선미 8만 360표)로 승리하였다. 사전투표 득표수 증감 작업으로 승부가 바뀐 선거구 가운데 하나이다.

〈5-3-1〉 2020 총선(강동구갑), 차이값(관내사전-당일) 그래프

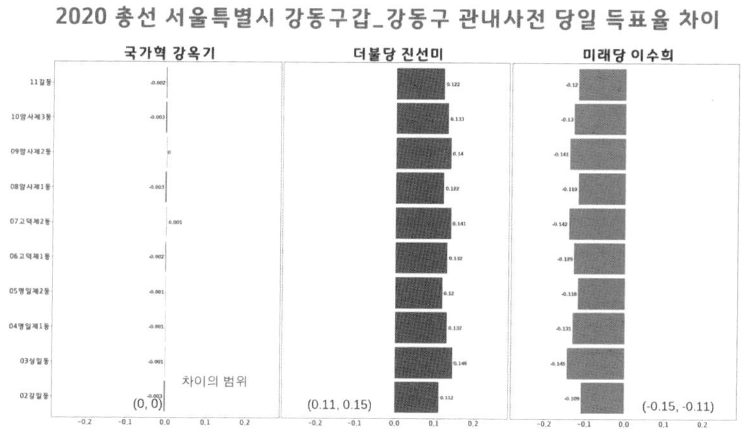

〈5-3-2〉 2020 총선(강동구갑), 사전투표 조작

	더불어민주당	미래통합당	국가혁명배당금당
	진선미	이수희	강옥기
1.발표득표수	36,245	24,211	449
득표율기준	0.59	0.39	0.01
		0.30	-
2.사전투표 조작수	7,263	7,263	-
사전투표 투표인수	0%	30%	0%
	0.12	0.12	-
3.예상 득표수	28,982	31,474	449
득표율 기준	0.47	0.51	0.01

〈5-3-3〉 2020 총선(강동구갑), 조작 상태 vs 조작 제거 상태

	더불어민주당	미래통합당	국가혁명배당금당	0		종투표
	진선미	이수희	강옥기	0		투표인수
1.수정전 사전투표수	36,245	24,211	449	-	-	157,790
득표율 기준	0.59	0.39	0.01	-	-	
2.수정전 당일투표수	44,115	50,228	782	-		당일투표
득표율 기준	0.46	0.52	0.01	-	-	투표인수
3.수정전 득표율 차이	0.13	- 0.13	- 0.00	-	-	96,267
합계	80,360	74,439	1,231	-	-	
4.수정후 사전투표수	28,982	31,474	449	-	-	사전투표
득표율 기준	0.47	0.51	0.01	-	-	투표인수
5.수정후 당일투표수	44,115	50,228	782	-	-	61,523
득표율 기준	0.46	0.52	0.01	-	-	
6.수정후 득표율 차이	0.013	- 0.010	- 0.001	-	-	
합계	73,097	81,702	1,231	-	-	
	수정후 득표율 차이는" 0 "에 아주					
	- 8,606	8,606	- 80,471			
	패	승	패			

〈5-3-4〉 2020 총선(강동구갑), 동 단위 사전투표 조작

1	선거구명	읍면동명	구분						
2						조작값	조작값	진선미	이수희
3				더불어민주당	미래통합당	0.0%	30.0%	- 1.00	- 2.00
4				진선미	이수희	진선미	이수희	73,097.70	81,704.30
5	강동구갑	합계		80,361	74,441	-	7,263	73,097	81,702
6		거소·선상투표		204	163	-	48.90	155	212
7		관외사전투표		9,095	5,583	-	1,674.90	7,420	7,258
8		국외부재자투표		173	87	-	26.10	147	113
9		국외부재자투표(공관)		8	3	-	0.90	7	4
10		강일동	계	8,846	6,964			8,331	7,479
11		강일동	관내사전투표	3,020	1,717	-	515.10	2,505	2,232
12		강일동	선거일투표	5,826	5,247			5,826	5,247
13		상일동	계	6,825	7,545			6,138	8,232
14		상일동	관내사전투표	3,002	2,289	-	686.70	2,315	2,976
15		상일동	선거일투표	3,823	5,256			3,823	5,256
16		명일제1동	계	6,878	7,355			6,370	7,863
17		명일제1동	관내사전투표	2,319	1,693	-	507.90	1,811	2,201
18		명일제1동	선거일투표	4,559	5,662			4,559	5,662
19		명일제2동	계	4,749	5,605			4,252	6,102
20		명일제2동	관내사전투표	1,922	1,656	-	496.80	1,425	2,153
21		명일제2동	선거일투표	2,827	3,949			2,827	3,949
22		고덕제1동	계	6,875	6,885			6,313	7,448
23		고덕제1동	관내사전투표	2,669	1,875	-	562.50	2,107	2,438
24		고덕제1동	선거일투표	4,206	5,010			4,206	5,010
25		고덕제2동	계	4,841	6,542			4,288	7,095

〈5-3-5〉 2020 총선(강동구갑), 조작값 30% 발견

0.60	0.40	0.01	-	-	-	-	
0.46	0.53	0.01	-	-	-	-	
0.13	- 0.13	- 0.00	-	-	-	-	0.26
A	B+C+D+E+F						
0.13135	- 0.13135						
0.48	0.52	0.01	-	-	-	-	
0.46	0.53	0.01	-	-	-	-	
0.01	- 0.01	- 0.00	-	-	-	-	0.02
A	B+C+D+E+F						
0.01209	- 0.01209						

⟨5-3-6⟩ 2020 총선(강동구갑), 수정 상태 vs 조작 상태

21대 총선 강동구 갑 사전투표 조작			
	예상발표		선관위발표
	정상		비정상
진선미	0.007		0.123
이수희	- 0.017		- 0.133
강옥기	- 0.001		- 0.001

⟨5-3-7⟩ 2020 총선(강동구갑), 조작 상태(선관위) vs 수정 상태(재야 전문가)

	선거구명	읍면동명	구분				
1							
2							
3							
4				진선미	이수희	진선미	이수희
5	강동구갑	합계					
6		거소·선상투표		0.03	- 0.13	- 0.08	- 0.01
7		관외사전투표		0.15	- 0.15	0.03	- 0.04
8		국외부재자투표		0.20	- 0.19	0.10	- 0.09
9		국외부재자투표(공관)		0.27	- 0.25	0.19	- 0.17
10		강일동	계				
11		강일동	관내사전투표				
12		강일동	선거일투표				
13		상일동	계	0.11	- 0.11	0.01	0.00
14		상일동	관내사전투표				
15		상일동	선거일투표				
16		명일제1동	계	0.15	- 0.14	0.02	- 0.01
17		명일제1동	관내사전투표				
18		명일제1동	선거일투표				
19		명일제2동	계	0.13	- 0.13	0.01	- 0.00
20		명일제2동	관내사전투표				
21		명일제2동	선거일투표				
22		고덕제1동	계	0.12	- 0.12	- 0.02	0.02
23		고덕제1동	관내사전투표				
24		고덕제1동	선거일투표				
25		고덕제2동	계	0.13	- 0.13	0.01	- 0.01

〈5-3-8〉 2020 총선(강동구갑), 사전:당일 득표수 비율

구분	선거인수	투표수	더불어민주당 진선미	미래통합당 이수희	국가혁명배당금당 강옥기
사전투표	62,354	61,523	36,245	24,211	449
당일투표	158,863	96,267	44,115	50,228	782
합 계	221,217	157,790	80,360	74,439	1,231
기존합계	221,217	157,793	80,361	74,441	1,231
	사전:당일 비율		0.82	0.48	0.57
사전투표	62,354	61,523	28,982	31,474	449
당일투표	158,863	96,267	44,115	50,228	782
합 계	221,217	157,790	73,097	81,702	1,231
기존합계	221,217	157,793	73,097	81,702	1,231
	사전:당일 비율		0.66	0.63	0.57

영등포구을(박용찬 vs 김민석) 1만 1,484표 조작!

박용찬(통합당)과 김민석(민주당)이 대결한 4·15 총선의 영등포구을 선관위 발표 후보별 득표수는 조작값 40%가 전산 프로그램에 입력되어 '만들어진 숫자들'이다. 사전투표 조작을 위해 증감된 득표수는 박용찬(통합당)이 빼앗긴 사전투표 득표수 5,742표의 2배인 1만 1,484표이다.

진짜 득표수 추정치에 따르면 박용찬(통합당)은 5,947표 차이(박용찬 4만 7,278표, 김민석 4만 1,331표)로 승리한 선거였다. 그러나 선관위 발표 후보별 득표수에 따르면 김민석(민주당)이 5,537표 차이(박용

찬 4만 1,536표, 김민석 4만 7,073표)로 승리하였다. 사전투표 득표수 증감 작업으로 승부가 바뀐 선거구 가운데 하나이다.

〈5-4-1〉 2020 총선(영등포구을), 차이값(관내사전-당일) 그래프

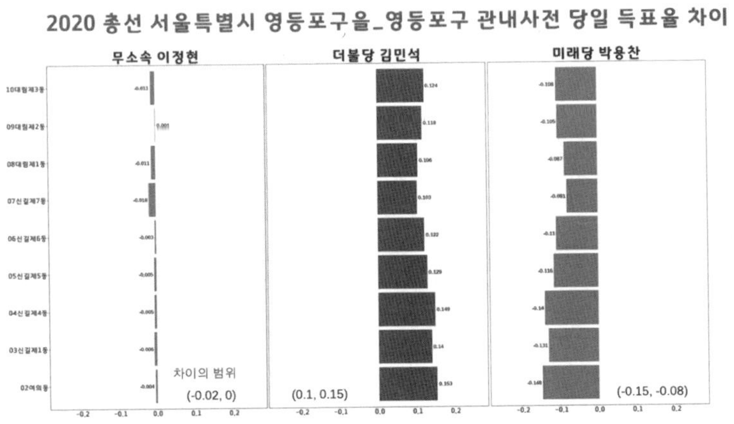

〈5-4-2〉 2020 총선(영등포구을), 사전투표 조작

	더불어민주당	미래통합당	민생당	국가혁명배당금당	무소속	사전투표
	김민석	박용찬	김지향	이상률	이정현	투표인수
1.발표득표수	23,150	14,354	473	178	1,255	39,876
득표율기준	0.58	0.36	0.01	0.00	0.03	
		0.40	-	-	-	본인표중
2.사전투표 조작수	5,742	5,742	-	-	-	총조작값
사전투표 투표인수	0%	40%	0%	0%	0%	40.0%
	0.14	0.14	-	-		
3.예상 득표수	17,408	20,096	473	178	1,255	
득표율 기준	0.44	0.50	0.01	0.00	0.03	

〈5-4-3〉 2020 총선(영등포구을), 조작 상태 vs 조작 제거 상태

	더불어민주당	미래통합당	민생당	국가혁명배당금당	무소속		총투표
	김민석	박용찬	김지향	이상륜	이정현		투표인수
1.수정전 사전투표수	23,150	14,354	473	178	1,255	-	94,807
득표율 기준	0.58	0.36	0.01	0.00	0.03	-	
2.수정전 당일투표수	23,923	27,182	805	278	2,056		당일투표
득표율 기준	0.44	0.49	0.01	0.01	0.04	-	투표인수
3.수정전 득표율 차이	0.15	- 0.13	- 0.00	- 0.00	- 0.01	-	54,931
합계	47,073	41,536	1,278	456	3,311	-	
4.수정후 사전투표수	17,408	20,096	473	178	1,255	-	사전투표
득표율 기준	0.44	0.50	0.01	0.00	0.03	-	투표인수
5.수정후 당일투표수	23,923	27,182	805	278	2,056	-	39,876
득표율 기준	0.44	0.49	0.01	0.01	0.04	-	
6.수정후 득표율 차이	0.001	0.009	- 0.003	- 0.001	- 0.006	-	
합계	41,331	47,278	1,278	456	3,311	-	
	수정후 득표율 차이는" 0 "에 아주 가까우며						
	- 5,946	5,946	- 46,000	- 46,822	- 43,967		
	패	승	패	패	패		

〈5-4-4〉 2020 총선(영등포구을), 동 단위 사전투표 조작

	선거구명	읍면동명	구분			조작값	조작값	김민석	박용찬
3				더불어민주당	미래통합당	0.0%	40.0%	- 2.00	- 1.00
4				김민석	박용찬	김민석	박용찬	41,333.40	47,278.60
5	영등포구을	합계		47,075	41,537	-	5,742	41,331	47,278
6		거소·선상투표		83	73	-	29.20	54	102
7		관외사전투표		5,933	3,393	-	1,357.20	4,576	4,750
8		국외부재자투표		136	58	-	23.20	113	81
9		국외부재자투표(공관)		6	9	-	3.60	2	13
10		여의동	계	6,067	12,291			4,859	13,499
11		여의동	관내사전투표	2,376	3,020	-	1,208.00	1,168	4,228
12		여의동	선거일투표	3,691	9,271			3,691	9,271
13		신길제1동	계	4,920	3,300			4,549	3,671
14		신길제1동	관내사전투표	2,065	927	-	370.80	1,694	1,298
15		신길제1동	선거일투표	2,855	2,373			2,855	2,373
16		신길제4동	계	2,606	1,985			2,365	2,226
17		신길제4동	관내사전투표	1,170	603	-	241.20	929	844
18		신길제4동	선거일투표	1,436	1,382			1,436	1,382
19		신길제5동	계	2,844	2,116			2,571	2,389
20		신길제5동	관내사전투표	1,273	682	-	272.80	1,000	955
21		신길제5동	선거일투표	1,571	1,434			1,571	1,434
22		신길제6동	계	5,658	4,253			5,004	4,907
23		신길제6동	관내사전투표	2,872	1,635	-	654.00	2,218	2,289
24		신길제6동	선거일투표	2,786	2,618			2,786	2,618
25		신길제7동	계	4,756	4,517			4,278	4,995

〈5-4-5〉 2020 총선(영등포구을), 수정 상태 vs 조작 상태

21대 총선 영등포구 을 사전투표 조작		
	예상발표	선관위발표
	정상	비정상
김민석	- 0.006	0.135
박용찬	0.001	- 0.141
김지향	- 0.003	- 0.003
이상륜	- 0.001	- 0.001
이정현	- 0.006	0.006

〈5-4-6〉 2020 총선(영등포구을), 조작 상태(선관위) vs 수정 상태(재야 전문가)

	선거구명	읍면동명	구분	김민석	박용찬	김민석	박용찬
1–4							
5	영등포구을	합계					
6		거소·선상투표		0.02	- 0.10	- 0.14	0.06
7		관외사전투표		0.16	- 0.16	0.02	- 0.02
8		국외부재자투표		0.24	- 0.20	0.13	- 0.09
9		국외부재자투표(공관)		- 0.04	0.11	- 0.28	0.35
10		여의동	계				
11		여의동	관내사전투표				
12		여의동	선거일투표				
13		신길제1동	계	0.15	- 0.15	- 0.06	0.07
14		신길제1동	관내사전투표				
15		신길제1동	선거일투표				
16		신길제4동	계	0.14	- 0.13	0.03	- 0.01
17		신길제4동	관내사전투표				
18		신길제4동	선거일투표				
19		신길제5동	계	0.15	- 0.14	0.02	- 0.01
20		신길제5동	관내사전투표				
21		신길제5동	선거일투표				
22		신길제6동	계	0.13	- 0.11	- 0.00	0.02
23		신길제6동	관내사전투표				
24		신길제6동	선거일투표				
25		신길제7동	계	0.12	- 0.11	- 0.01	0.03

양천구갑(송한섭 vs 황희) 1만 5,502표 조작!

송한섭(통합당)과 황희(민주당)가 대결한 4·15 총선의 양천구갑 선관위 발표 후보별 득표수는 조작값 35%가 전산 프로그램에 입력되어 '만들어진 숫자들'이다. 송한섭이 받은 사전투표 득표수 100장 가운데 35장을 황희에게 더해주는 조작 프로그램이 가동되었다. 사전투표 조작을 위해 증감된 득표수는 송한섭(통합당)이 빼앗긴 사전투표 득표수 7,751표의 2배인 1만 5,502표이다.

진짜 득표수 추정치에 따르면 송한섭(통합당)은 5,121표 차이(송한섭 7만 5,565표, 황희 7만 444표)로 승리한 선거였다. 그러나 선관위 발표 후보별 득표수에 따르면 황희(민주당)가 1만 381표 차이(송한섭 6만 7,814표, 황희 7만 8,195표)로 승리하였다. 사전투표 득표수 증감 작업으로 승부가 바뀐 선거구 가운데 하나이다.

〈5-5-1〉 2020 총선(양천구갑), 차이값(관내사전-당일) 그래프

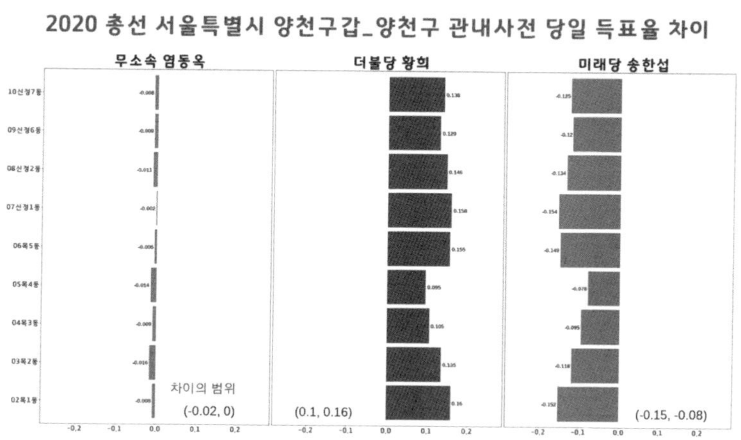

〈5-5-2〉 2020 총선(양천구갑), 사전투표 조작

	더불어민주당	미래통합당	국가혁명배당금당	무소속	사전투표
	황희	송한섭	최사현	염동옥	투표인수
1.발표득표수	36,139	22,145	184	1,467	60,394
득표율기준	0.60	0.37	0.00	0.02	
		0.35	-	-	본인표중
2.사전투표 조작수	7,751	7,751	-	-	총조작값
사전투표 투표인수	0%	35%	0%	0%	35.0%
	0.13	0.13	-	-	
3.예상 득표수	28,388	29,896	184	1,467	
득표율 기준	0.47	0.50	0.00	0.02	

〈5-5-3〉 2020 총선(양천구갑), 조작 상태 vs 조작 제거 상태

	더불어민주당	미래통합당	국가혁명배당금당	무소속		총투표
	황희	송한섭	최사현	염동옥		투표인수
1.수정전 사전투표수	36,139	22,145	184	1,467	-	152,174
득표율 기준	0.60	0.37	0.00	0.02	-	
2.수정전 당일투표수	42,056	45,669	372	2,776		당일투표
득표율 기준	0.46	0.50	0.00	0.03	-	투표인수
3.수정전 득표율 차이	0.14	- 0.13	- 0.00	- 0.01	-	91,780
합계	78,195	67,814	556	4,243	-	
4.수정후 사전투표수	28,388	29,896	184	1,467	-	사전투표
득표율 기준	0.47	0.50	0.00	0.02	-	투표인수
5.수정후 당일투표수	42,056	45,669	372	2,776	-	60,394
득표율 기준	0.46	0.50	0.00	0.03	-	
6.수정후 득표율 차이	0.012	- 0.003	- 0.001	- 0.006	-	
합계	70,444	75,565	556	4,243	-	
	수정후 득표율 차이는" 0 "에 아					
	- 5,121	5,121	- 75,009	- 71,322		
	패	승	패	패		

〈5-5-4〉 2020 총선(양천구갑), 동 단위 사전투표 조작

	선거구명	읍면동명	구분			조작값	조작값	황희	송한섭
1									
2									
3				더불어민주당	미래통합당	0.0%	35.0%	- 1.00	-
4				황희	송한섭	황희	송한섭	70,445.25	75,564.75
5	양천구갑	합계		78,196	67,814	-	7,751	70,444	75,565
6		거소·선상투표		114	86	-	30.10	84	116
7		관외사전투표		8,563	5,178	-	1,812.30	6,751	6,990
8		국외부재자투표		235	116	-	40.60	194	157
9		국외부재자투표(공관)		6	1	-	0.35	6	1
10		목1동	계	7,725	8,075			7,110	8,690
11		목1동	관내사전투표	2,682	1,758	-	615.30	2,067	2,373
12		목1동	선거일투표	5,043	6,317			5,043	6,317
13		목2동	계	9,373	6,548			8,790	7,131
14		목2동	관내사전투표	3,482	1,666	-	583.10	2,899	2,249
15		목2동	선거일투표	5,891	4,882			5,891	4,882
16		목3동	계	6,462	5,037			5,836	5,664
17		목3동	관내사전투표	2,948	1,790	-	626.50	2,322	2,417
18		목3동	선거일투표	3,514	3,247			3,514	3,247
19		목4동	계	8,242	5,810			7,534	6,518
20		목4동	관내사전투표	3,586	2,023	-	708.05	2,878	2,731
21		목4동	선거일투표	4,656	3,787			4,656	3,787
22		목5동	계	10,290	12,033			9,195	13,128
23		목5동	관내사전투표	4,089	3,129	-	1,095.15	2,994	4,224
24		목5동	선거일투표	6,201	8,904			6,201	8,904
25		신정1동	계	5,277	5,431			4,744	5,964

〈5-5-5〉 2020 총선(양천구갑), 수정 상태 vs 조작 상태

21대 총선 양천구 갑 사전투표 조작

	예상발표	선관위발표
	정상	비정상
황희	0.004	0.130
송한섭	- 0.011	- 0.137
최사현	- 0.001	- 0.001
염동옥	- 0.006	- 0.006

〈5-5-6〉 2020 총선(양천구갑), 조작 상태(선관위) vs 수정 상태(재야 전문가)

1	선거구명	읍면동명	구분				
2							
3							
4				황희	송한섭	황희	송한섭
5	양천구갑	합계					
6		거소·선상투표		0.04	-0.13	-0.10	0.01
7		관외사전투표		0.13	-0.14	0.01	-0.01
8		국외부재자투표		0.20	-0.17	0.08	-0.06
9		국외부재자투표(공관)		0.40	-0.35	0.35	-0.30
10		목1동	계				
11		목1동	관내사전투표				
12		목1동	선거일투표				
13		목2동	계	0.16	-0.15	0.03	-0.01
14		목2동	관내사전투표				
15		목2동	선거일투표				
16		목3동	계	0.14	-0.12	0.03	-0.01
17		목3동	관내사전투표				
18		목3동	선거일투표				
19		목4동	계	0.11	-0.09	-0.02	0.04
20		목4동	관내사전투표				
21		목4동	선거일투표				
22		목5동	계	0.10	-0.08	-0.03	0.05
23		목5동	관내사전투표				
24		목5동	선거일투표				
25		신정1동	계	0.16	-0.15	0.01	0.00

2

5,000표 이하, 미래통합당 승리 선거구

후보별 진짜 득표수 추정치에 따르면, 미래통합당 후보들은 3개 선거구(동작구을, 도봉구을, 노원구병)에서 민주당 후보들을 근소한 차이로 눌렀다. 그럼에도 불구하고 사전투표 득표수 증감 작업이 강행되면서 억울하게 패배하고 말았다. 부정선거 없다고 줄곧 외치고 다니는 '총선 3전 3패' 이준석이 포함되어 있다.

동작구을(나경원 vs 이수진) 1만 2,980표 조작!

나경원(통합당)과 이수진(민주당)이 대결한 4·15 총선의 동작구을 선관위 발표 후보별 득표수는 조작값 35%가 전산 프로그램에 입력되어 '만들어진 숫자들'이다. 나경원이 받은 사전투표 득표수 100장 가운데 35장을 이수진에게 더해주는 조작 프로그램이 가동되었다. 사전투표 조작을 위해 증감된 득표수는 나경원(통합당)이 빼앗긴 사전투표 득표수 6,490표의 2배인 1만 2,980표이다.

진짜 득표수 추정치에 따르면 나경원(통합당)은 4,600표 차이(나경원 5만 9,516표, 이수진 5만 4,916표)로 승리한 선거였다. 그러나 선관위 발표 후보별 득표수에 따르면 이수진(민주당)이 8,438표 차이(나경원 5만 3,026표, 이수진 6만 1,464표)로 승리하였다. 사전투표 득표수 증감 작업으로 승부가 바뀐 선거구 가운데 하나이다.

판사 출신의 이수진이 국회의 각종 모임에서 잘난 체하는, 잔뜩 폼을 잡고 말도 되지 않는 이야기를 지껄일 때마다 나는 "저 친구 가짜잖아!"라는 문장을 떠올린다. 나뿐만 아니라 가짜들을 지켜보는 많은 국민들이 혀를 껄껄 차고 있을 것이다. 그러면서 '나라가 어

〈5-6-1〉 2020 총선(동작구을), 차이값(관내사전-당일) 그래프

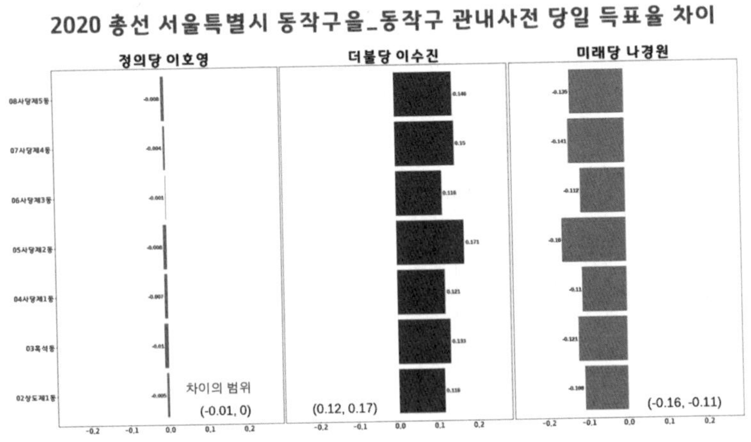

떻게 이 지경까지 와버렸는가!'라는 한탄을 하고 있을 것이다.

〈5-6-2〉 2020 총선(동작구을), 사전투표 조작

	더불어민주당	미래통합당	정의당
	이수진	나경원	이호영
1.발표득표수	29,942	18,543	872
득표율기준	0.60	0.37	0.02
		0.35	-
2.사전투표 조작수	6,490	6,490	-
사전투표 투표인수	0%	35%	0%
	0.13	0.13	-
3.예상 득표수	23,452	25,033	872
득표율 기준	0.47	0.50	0.02

〈5-6-3〉 2020 총선(동작구을), 조작 상태 vs 조작 제거 상태

	더불어민주당	미래통합당	정의당
	이수진	나경원	이호영
1.수정전 사전투표수	29,942	18,543	872
득표율 기준	0.60	0.37	0.02
2.수정전 당일투표수	31,464	34,483	1,462
득표율 기준	0.46	0.50	0.02
3.수정전 득표율 차이	0.14	- 0.13	- 0.00
합계	61,406	53,026	2,334
4.수정후 사전투표수	23,452	25,033	872
득표율 기준	0.47	0.50	0.02
5.수정후 당일투표수	31,464	34,483	1,462
득표율 기준	0.46	0.50	0.02
6.수정후 득표율 차이	0.010	- 0.003	- 0.004
합계	54,916	59,516	2,334
		수정후 득표율 차이는	
	- 4,600	4,600	- 57,182
	패	승	패

〈5-6-4〉 2020 총선(동작구을), 동 단위 사전투표 조작

	선거구명	읍면동명	구분	더불어민주당	미래통합당	조작값	조작값	이수진	나경원
1 / 2									
3				더불어민주당	미래통합당	0.0%	35.0%	- 1.00	-
4				이수진	나경원	이수진	나경원	54,916.95	59,516.05
5	동작구을	합계		61,407	53,026	-	6,490	54,916	59,516
6		거소·선상투표		86	114	-	39.90	46	154
7		관외사전투표		8,540	4,974	-	1,740.90	6,799	6,715
8		국외부재자투표		171	74	-	25.90	145	100
9		국외부재자투표(공관)		4	1	-	0.35	4	1
10		상도제1동	계	12,484	11,295			11,462	12,317
11		상도제1동	관내사전투표	4,452	2,919	-	1,021.65	3,430	3,941
12		상도제1동	선거일투표	8,032	8,376			6,032	8,376
13		흑석동	계	8,313	9,657			7,316	10,654
14		흑석동	관내사전투표	3,446	2,848	-	996.80	2,449	3,845
15		흑석동	선거일투표	4,867	6,809			4,867	6,809
16		사당제1동	계	7,567	5,078			7,082	5,563
17		사당제1동	관내사전투표	2,900	1,385	-	484.75	2,415	1,870
18		사당제1동	선거일투표	4,667	3,693			4,667	3,693
19		사당제2동	계	8,023	8,003			7,243	8,783
20		사당제2동	관내사전투표	3,480	2,228	-	779.80	2,700	3,008
21		사당제2동	선거일투표	4,543	5,775			4,543	5,775
22		사당제3동	계	6,750	6,768			6,245	7,273
23		사당제3동	관내사전투표	2,039	1,442	-	504.70	1,534	1,947
24		사당제3동	선거일투표	4,711	5,326			4,711	5,326
25		사당제4동	계	5,073	3,724			4,612	4,185

〈5-6-5〉 2020 총선(동작구을), 조작값 35% 발견

0.60	0.37	0.02	0.00	0.00	-	-	
0.46	0.51	0.02	0.01	0.00	-	-	
0.14 -	0.13 -	0.00 -	0.00 -	0.00	-	-	0.28
A	B+C+D+E+F						
0.13952	- 0.13952						

0.47	0.50	0.02	0.00	0.00	-	-	
0.46	0.51	0.02	0.01	0.00	-	-	
0.01 -	0.00 -	0.00 -	0.00 -	0.00	-	-	0.02
A	B+C+D+E+F						
0.00899	- 0.00899						

〈5-6-6〉 2020 총선(동작구을), 수정 상태 vs 조작 상태

21대 총선 동작구 을 사전투표 조작		
	예상발표	선관위발표
	정상	비정상
이수진	0.002	0.129
나경원	- 0.011	- 0.138
이호영	- 0.004	- 0.004
최서현	- 0.001	- 0.001
조현숙	- 0.000	- 0.000

〈5-6-7〉 2020 총선(동작구을), 조작 상태(선관위) vs 수정 상태(재야 전문가)

	선거구명	읍면동명	구분				
1-2	선거구명	읍면동명	구분				
3							
4				이수진	나경원	이수진	나경원
5	동작구을	합계					
6		거소·선상투표		- 0.06	0.02	- 0.25	0.20
7		관외사전투표		0.14	- 0.15	0.02	- 0.03
8		국외부재자투표		0.22	- 0.21	0.12	- 0.11
9		국외부재자투표(공관)		0.34	- 0.30	0.27	- 0.23
10		상도제1동	계				
11		상도제1동	관내사전투표				
12		상도제1동	선거일투표				
13		흑석동	계	0.12	- 0.10	- 0.02	0.03
14		흑석동	관내사전투표				
15		흑석동	선거일투표				
16		사당제1동	계	0.13	- 0.12	- 0.02	0.04
17		사당제1동	관내사전투표				
18		사당제1동	선거일투표				
19		사당제2동	계	0.12	- 0.11	0.01	0.00
20		사당제2동	관내사전투표				
21		사당제2동	선거일투표				
22		사당제3동	계	0.17	- 0.16	0.04	- 0.02
23		사당제3동	관내사전투표				
24		사당제3동	선거일투표				
25		사당제4동	계	0.12	- 0.11	- 0.02	0.03

〈5-6-8〉 2020 총선(동작구을), 사전:당일 득표수 비율

구분	선거인수	투표수	더불어민주당 이수진	미래통합당 나경원	정의당 이호영
사전투표	51,062	50,212	29,942	18,543	872
당일투표	110,976	68,787	31,464	34,483	1,462
합 계	162,038	118,999	61,406	53,026	2,334
기존합계	162,038	119,000	61,407	53,020	2,334
	사전:당일 비율		0.95	0.54	0.60
사전투표	51,062	50,212	23,452	25,033	872
당일투표	110,976	68,787	31,464	34,483	1,462
합 계	162,038	118,999	54,916	59,516	2,334
기존합계	162,038	119,000	54,916	59,516	2,334
	사전:당일 비율		0.75	0.73	0.60

도봉구을(김선동 vs 오기영) 1만 206표 조작!

김선동(통합당)과 오기영(민주당)이 대결한 4·15 총선의 도봉구을 선관위 발표 후보별 득표수는 조작값 35%가 전산 프로그램에 입력되어 '만들어진 숫자들'이다. 김선동이 받은 사전투표 득표수 100장 가운데 35장을 오기영에게 더해주는 조작 프로그램이 가동되었다. 사전투표 조작을 위해 증감된 득표수는 김선동(통합당)이 빼앗긴 사전투표 득표수 5,103표의 2배인 1만 206표이다.

진짜 득표수 추정치에 따르면 김선동(통합당)은 3,006표 차이(김선동 4만 9,655표, 오기영 4만 6,650표)로 승리한 선거였다. 그러나 선관

위 발표 후보별 득표수에 따르면 오기영(민주당)이 7,201표 차이(김선동 4만 4,552표, 오기영 5만 1,753표)로 승리하였다. 사전투표 득표수 증감 작업으로 승부가 바뀐 선거구 가운데 하나이다.

〈5-7-1〉 2020 총선(도봉구을), 차이값(관내사전-당일) 그래프

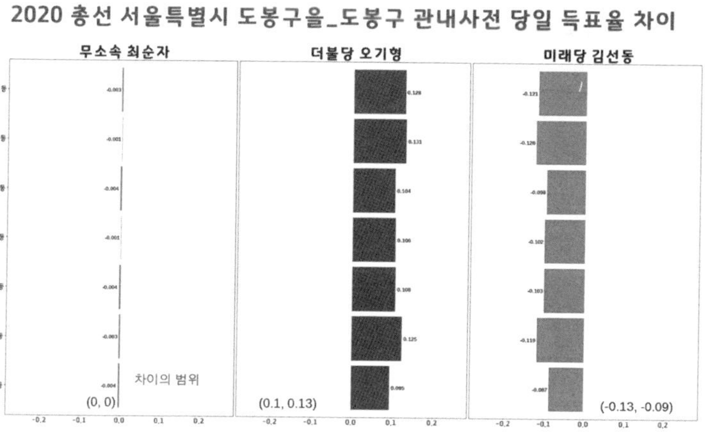

〈5-7-2〉 2020 총선(도봉구을), 사전투표 조작

	더불어민주당	미래통합당	국가혁명배당금당	무소속	사전투표
	오기형	김선동	김관석	최순자	투표인수
1.발표득표수	22,795	14,581	224	241	38,245
득표율기준	0.60	0.38	0.01	0.01	
		0.35	-	-	본인표중
2.사전투표 조작수	5,103	5,103	-	-	총조작값
사전투표 투표인수	0%	35%	0%	0%	-265.0%
	0.13	0.13	-	-	
3.예상 득표수	17,692	19,684	224	241	
득표율 기준	0.46	0.51	0.01	0.01	

〈5-7-3〉 2020 총선(도봉구을), 조작 상태 vs 조작 제거 상태

	더불어민주당	미래통합당	국가혁명배당금당	무소속	총투표
	오기형	김선동	김관석	최순자	투표인수
1.수정전 사전투표수	22,795	14,581	224	241	98,919
득표율 기준	0.60	0.38	0.01	0.01	
2.수정전 당일투표수	28,958	29,971	417	442	당일투표
득표율 기준	0.48	0.49	0.01	0.01	투표인수
3.수정전 득표율 차이	0.12	- 0.11	- 0.00	- 0.00	60,674
합계	51,753	44,552	641	683	
4.수정후 사전투표수	17,692	19,684	224	241	사전투표
득표율 기준	0.46	0.51	0.01	0.01	투표인수
5.수정후 당일투표수	28,958	20,071	417	442	38,245
득표율 기준	0.48	0.49	0.01	0.01	
6.수정후 득표율 차이	- 0.015	0.021	- 0.001	- 0.001	
합계	46,650	49,655	641	683	
	수정후 득표율 차이는" 0 "에 아주				
	- 3,006	3,006	- 46,009	- 48,972	
	패	승	패	패	

〈5-7-4〉 2020 총선(도봉구을), 동 단위 사전투표 조작

	선거구명	읍면동명	구분			조작값	조작값	오기형	김선동
3				더불어민주당	미래통합당	0.0%	35.0%	- 3.00	- 2.00
4				오기형	김선동	오기형	김선동	46,652.65	49,657.35
5	도봉구을	합계		51,756	44,554	-	5,103	46,650	49,655
6		거소·선상투표		127	159	-	55.65	71	215
7		관외사전투표		5,290	3,007	-	1,052.45	4,238	4,059
8		국외부재자투표		94	41	-	14.35	80	55
9		국외부재자투표(공관)		4	0	-	-	4	-
10		쌍문2동	계	5,358	4,391			5,008	4,741
11		쌍문2동	관내사전투표	1,609	999	-	349.65	1,259	1,349
12		쌍문2동	선거일투표	3,749	3,392			3,749	3,392
13		쌍문4동	계	5,419	4,717			4,934	5,202
14		쌍문4동	관내사전투표	2,203	1,386	-	485.10	1,718	1,871
15		쌍문4동	선거일투표	3,216	3,331			3,216	3,331
16		방학1동	계	7,467	7,003			6,847	7,623
17		방학1동	관내사전투표	2,554	1,772	-	620.20	1,934	2,392
18		방학1동	선거일투표	4,913	5,231			4,913	5,231
19		방학2동	계	5,464	4,828			4,902	5,390
20		방학2동	관내사전투표	2,366	1,605	-	561.75	1,804	2,167
21		방학2동	선거일투표	3,098	3,223			3,098	3,223
22		방학3동	계	8,318	7,152			7,556	7,914
23		방학3동	관내사전투표	3,315	2,178	-	762.30	2,553	2,940
24		방학3동	선거일투표	5,003	4,974			5,003	4,974
25		도봉1동	계	5,960	5,730			5,383	6,308

〈5-7-5〉 2020 총선(도봉구을), 수정 상태 vs 조작 상태

21대 총선 도봉구 을 사전투표 조작		
	예상발표	선관위발표
	정상	비정상
오기형	- 0.020	0.112
김선동	0.015	- 0.117
김관석	- 0.001	- 0.001
최순자	- 0.001	- 0.001

〈5-7-6〉 2020 총선(도봉구을), 조작 상태(선관위) vs 수정 상태(재야 전문가)

	선거구명	읍면동명	구분				
1							
2							
3							
4				오기형	김선동	오기형	김선동
5	도봉구을	합계					
6		거소·선상투표		- 0.08	0.00	- 0.25	0.17
7		관외사전투표		0.13	- 0.15	0.01	- 0.02
8		국외부재자투표		0.21	- 0.19	0.11	- 0.09
9		국외부재자투표(공관)		0.32	- 0.49	0.32	- 0.49
10		쌍문2동	계				
11		쌍문2동	관내사전투표				
12		쌍문2동	선거일투표				
13		쌍문4동	계	0.10	- 0.08	- 0.03	0.05
14		쌍문4동	관내사전투표				
15		쌍문4동	선거일투표				
16		방학1동	계	0.13	- 0.12	- 0.01	0.02
17		방학1동	관내사전투표				
18		방학1동	선거일투표				
19		방학2동	계	0.11	- 0.10	- 0.03	0.04
20		방학2동	관내사전투표				
21		방학2동	선거일투표				
22		방학3동	계	0.11	- 0.10	- 0.03	0.04
23		방학3동	관내사전투표				
24		방학3동	선거일투표				
25		도봉1동	계	0.11	- 0.10	- 0.03	0.04

노원구병(이준석 vs 김성환) 1만 1,254표 조작!

이준석(통합당)과 김성환(민주당)이 대결한 4·15 총선의 노원구병 선관위 발표 후보별 득표수는 조작값 35%가 전산 프로그램에 입력되어 '만들어진 숫자들'이다. 이준석이 받은 사전투표 득표수 100장 가운데 35장을 김성환에게 더해주는 조작 프로그램이 가동되었다. 사전투표 조작을 위해 증감된 득표수는 이준석(통합당)이 빼앗긴 사전투표 득표수 5,627표의 2배인 1만 1,254표이다.

사전투표 조작으로 인해 이준석의 사전투표 득표율은 정상 투표였다면 51%를 기록해야 하지만 선관위 발표 사전투표 득표율은 -13%가 적용되어 38%로 추락하고 만다. 경쟁자인 김성환(민주당)은 46%에서 +13%가 적용되어 59%로 급증하게 된다.

진짜 득표수 추정치에 따르면 이준석(통합당)이 2,083표 차이(이준

〈5-8-1〉 2020 총선(노원구병), 차이값(관내사전-당일) 그래프

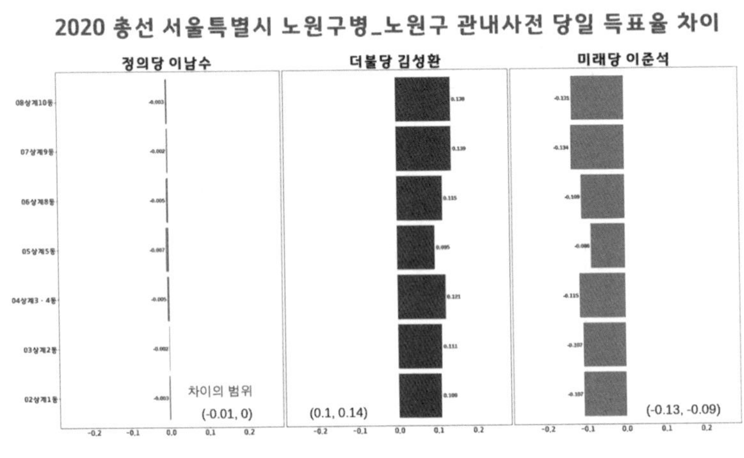

〈5-8-2〉 2020 총선(노원구병), 사전투표 조작

	더불어민주당	미래통합당	정의당	사전투표
	김성환	이준석	이남수	투표인수
1.발표득표수	25,326	16,078	636	42,756
득표율기준	0.59	0.38	0.01	
		0.35	-	본인표중
2.사전투표 조작수	5,627	5,627	-	총조작값
사전투표 투표인수	0%	35%	0%	35.0%
	0.13	0.13	-	
3.예상 득표수	19,699	21,705	636	•
득표율 기준	0.46	0.51	0.01	

〈5-8-3〉 2020 총선(노원구병), 조작 상태 vs 조작 제거 상태

	더불어민주당	미래통합당	정의당	총투표
	김성환	이준석	이남수	투표인수
1.수정전 사전투표수	25,326	16,078	636	105,400
득표율 기준	0.59	0.38	0.01	
2.수정전 당일투표수	30,217	30,293	1,009	당일투표
득표율 기준	0.48	0.48	0.02	투표인수
3.수정전 득표율 차이	0.11	- 0.11	- 0.00	62,644
합계	55,543	46,371	1,645	
4.수정후 사전투표수	19,699	21,705	636	사전투표
득표율 기준	0.46	0.51	0.01	투표인수
5.수정후 당일투표수	30,217	30,293	1,009	42,756
득표율 기준	0.48	0.48	0.02	
6.수정후 득표율 차이	- 0.022	0.024	- 0.001	
합계	49,916	51,998	1,645	
		수정후 득표율 차이는		
	- 2,083	2,083	- 50,353	
	패	승	패	

석 5만 1,998표, 김성환 4만 9,916표)로 승리한 선거였다. 그러나 선관위 발표 후보별 득표수에 따르면 김성환(민주당)이 9,172표 차이(이준석 4만 6,371표, 김성환 5만 5,543표)로 승리하였다고 한다. 사전투표 득표수 증감 작업으로 당락이 바뀐 사례에 속한다.

〈5-8-4〉 2020 총선(노원구병), 동 단위 사전투표 조작

1 2	선거구명	읍면동명	구분			조작값	조작값	김성환	이준석
3				더불어민주당	미래통합당	0.0%	35.0%	- 13.00	- 2.00
4				김성환	이준석	김성환	이준석	49,928.70	52,000.30
5	노원구병	합계		55,556	46,373	-	5,627	49,916	51,998
6		거소·선상투표		127	136	-	47.60	79	184
7		관외사전투표		6,035	3,993	-	1,397.55	4,637	5,391
8		국외부재자투표		137	42	-	14.70	122	57
9		국외부재자투표(공관)		7	5	-	1.75	5	7
10		상계1동	계	10,880	9,413			10,085	10,208
11		상계1동	관내사전투표	3,616	2,271	-	794.85	2,821	3,066
12		상계1동	선거일투표	7,264	7,142			7,264	7,142
13		상계2동	계	5,773	5,164			5,140	5,797
14		상계2동	관내사전투표	2,646	1,808	-	632.80	2,013	2,441
15		상계2동	선거일투표	3,127	3,356			3,127	3,356
16		상계3·4동	계	7,088	6,191			6,656	6,623
17		상계3·4동	관내사전투표	2,053	1,233	-	431.55	1,621	1,665
18		상계3·4동	선거일투표	5,035	4,958			5,035	4,958
19		상계5동	계	6,978	6,413			6,290	7,101
20		상계5동	관내사전투표	2,728	1,967	-	688.45	2,040	2,655
21		상계5동	선거일투표	4,250	4,446			4,250	4,446
22		상계8동	계	7,133	5,091			6,578	5,646
23		상계8동	관내사전투표	3,006	1,587	-	555.45	2,451	2,142
24		상계8동	선거일투표	4,127	3,504			4,127	3,504
25		상계9동	계	6,189	5,536			5,604	6,121

〈5-8-5〉 2020 총선(노원구병), 수정 상태 vs 조작 상태

21대 총선 노원구 병 사전투표 조작

	예상발표	선관위발표
	정상	비정상
김성환	- 0.026	0.104
이준석	0.019	- 0.111
이남수	- 0.001	- 0.001
김선경	0.001	0.001
김광철	- 0.001	- 0.001

〈5-8-6〉 2020 총선(노원구병), 조작 상태(선관위) vs 수정 상태(재야 전문가)

	선거구명	읍면동명	구분				
1							
2							
3							
4				김성환	이준석	김성환	이준석
5	노원구병	합계					
6		거소·선상투표		- 0.03	0.00	- 0.20	0.17
7		관외사전투표		0.09	- 0.11	- 0.04	0.03
8		국외부재자투표		0.25	- 0.26	0.17	- 0.18
9		국외부재자투표(공관)		0.10	- 0.07	- 0.04	0.08
10		상계1동	계				
11		상계1동	관내사전투표				
12		상계1동	선거일투표				
13		상계2동	계	0.11	- 0.10	- 0.02	0.03
14		상계2동	관내사전투표				
15		상계2동	선거일투표				
16		상계3·4동	계	0.11	- 0.10	- 0.02	0.03
17		상계3·4동	관내사전투표				
18		상계3·4동	선거일투표				
19		상계5동	계	0.12	- 0.11	- 0.01	0.01
20		상계5동	관내사전투표				
21		상계5동	선거일투표				
22		상계8동	계	0.10	- 0.08	- 0.05	0.06
23		상계8동	관내사전투표				
24		상계8동	선거일투표				
25		상계9동	계	0.12	- 0.11	- 0.00	0.01

제6장

어떻게 조작했나

사전투표 득표수 조작을 위해 사용된 전산 조작은 기술적으로 여러 방법이 동원되었을 것으로 보인다. 그럼에도 불구하고 투개표에 사용됐던 전산장비 일체에 대한 포렌식을 거부하는 한, 그리고 수사기관의 엄정한 조사가 없는 한 실체를 제대로 밝혀내는 일은 쉽지 않다. 지금 우리가 손에 넣은 것은 범죄 과정이 아니라 범죄 결과물일 뿐이다. 여기서는 유력한 수단 가운데 하나인 투표지 분류기(일명 전자투표기) 문제를 추적한다.

1
부여군에서 일어난 일

주류 언론사들이 철저하게 침묵하는 동안, 거의 유일하게 선거 사기 문제를 보도해온 인물이 《중앙일보》 김방현 대전총국장이다. 4·15 총선 이후 김방현의 여러 기사 가운데 4월 15일 부여 개표소에서 옥산면 사전선거 투표지를 계수하는 동안 투표지 분류기가 이상한 숫자를 만들어내는 문제가 발생한다. 바로 이 사건이 전산조작의 전부는 아닐지라도 실체의 한 단면을 엿볼 수 있게 해준다.

김방현, 부여군 개표소 첫 특종 보도

부여군 개표소에서 어떤 일이 일어났는가를 제대로 파악하는 길은 김방현이 2020년 5월 14일에 보도한 기사("부여 개표소 분류기 이상했다" 선관위 "기계 이상 없다")에 잘 정리되어 있다. 이 기사를 꼼꼼히 살펴보고, 기사 이면에 실린 의미를 찾아보는 일은 공직선거가 갖고 있는 구조적인 문제점을 이해하는 데 크게 도움이 된다. 기사의 핵심 내용을 다음과 같이 간략하게 정리할 수 있다.

첫째, 투표지 분류기(일명 전자투표기)가 오작동으로 부를 수 없을 정도로 오류를 많이 냈다는 점이다. 단순한 기계의 오작동으로 볼 수 없다는 점이 중요하다.

둘째, 투표지 분류기가 표를 있는 그대로 세지 않았다는 사실이다. 투표지 분류기는 표를 정확하게 세는 기능을 갖추고 있어야 하는데, 부여군 개표소에서는 그렇지 않았다는 점이다.

셋째, 투표지 분류기가 이미 어떤 값이 사전에 세팅(설정)이 되어 있는 것처럼 작동되었다는 사실이다. 표를 있는 그대로 정확하게 세는 것이 아니라 자신이 정한 규칙대로 표를 세는 기능을 충실히 수행하고 있었다는 의심을 사기에 충분한 일이 부여군 개표소에서 일어났다.

넷째, 개표 현장에서 문제가 발생하자, 투표 진행요원이 급히 투표지 분류기의 전원을 껐다가 켰다. 이런 조치를 취하고 나서 비로소 투표지 분류기가 제대로 투표지를 분류 및 계수하기 시작하였다는 점이다. 이 문제를 단순한 기계 오작동으로 보지 않는 사람들은 투표지 분류기에 사전에 조작값이 입력되었을 가능성에 주목하게 된다. 전원을 껐다 켠다는 것은 설정된 값이 풀려서 원래 상태로 되돌아가는 것을 뜻하기 때문이다.

다섯째, 지역선관위 직원들과 진행요원들 가운데 일부가 투표지 분류기 문제를 사전에 인지하고 있었다는 의심을 사기에 충분한 언행을 보였다는 사실이다.

첫째, 투표지 분류기, 1번에만 호의적

투표 참관인들의 의심을 샀던 것은 어떻게 된 일인지, 투표지 분류기가 유독 기호 1번(민주당 박수현 후보)을 편애했다는 것이다. 《중앙일보》 취재에 응한 복수의 참관인들은 1번 표가 지나치게 많이 나오는 이상한 현상을 목격하였다고 말한다. 또한 투표지 분류기 오류 제기가 받아들여져 개표 참관인의 요구에 따라 재검표가 이루어지면서 실제로 1번 후보에게 지나치게 많은 표가 계수된 사실이 발견되었다고 증언한다. 투표지 분류기가 기계적 오작동으로 말미암아 이 같은 일이 일어나지 않았음을 의심하기에 충분한 장면이 부여군 투표소에서 목격되었다.

> 김방현 기자: "투표지가 분류기를 통과하면서 이상한 장면을 여러 번 봤습니다. 1번 후보 표가 지나치게 많이 나와 재검표를 하면 역전되기도 했어요. 또 2번 후보 표는 유독 많이 재확인용(미분류표)으로 분류됐습니다. 주로 사전투표용지에서 그런 현상이 발생했습니다."
>
> 4·15 총선 당일 충남 부여군 개표소에서 일했던 개표 참관인들이 《중앙일보》와 인터뷰에서 증언한 내용이다. 13일 충남 부여군 선거관리위원회와 개표 참관인들에 따르면 A씨는 지난 4월 15일

부여군 부여읍 유스호스텔에서 진행된 개표 작업에 미래통합당 정진석(기호 2번) 후보 측 참관인으로 참여했다.

이곳에서는 부여군 16개 읍·면 지역 투표용지를 집계했다. 그는 개표소 제2개함부(전체 3곳)에 자리해 개표 상황을 살폈다. 개표는 오후 6시 이후 옥산면 관내사전선거 투표지(415장)부터 시작됐다. 자동분류기를 이용한 개표는 3~4분 만에 끝났다.

A씨에 따르면 후보별 득표수는 제2개함부에 있던 개표사무원(사회복무요원)의 노트북 컴퓨터 화면에 나타났다. 이를 본 A씨는 이상하다고 생각했다. 1번 후보가 2번 후보보다 지나치게 많은 표를 얻었기 때문이었다. 그는 "노트북 화면에 뜬 득표수는 더불어민주당 박수현 후보(1번)가 180여 표 정도를 얻어 미래통합당 정진석 후보를 100표 가까이 앞섰던 것으로 기억한다"고 말했다.

이어 그는 "노트북 컴퓨터를 다루는 개표사무원을 포함한 선관위 측에 집계한 투표지를 보여달라고 요구했다"고 했다. A씨는 "개표용지를 보니 1번 투표용지 묶음에 2번 투표용지가 섞여 있는 것도 발견했다"고 말했다.

둘째, 투표지 분류기 노트북 껐다가 켜니까 정상

문제가 된 415장의 투표지 뭉치를 한두 번 더 투표지 분류기를 사용해서 재검표를 시도했지만, 그때마다 투표지 숫자가 틀리게 나왔다. 당황한 듯한 개표사무원이 투표지 분류기의 전원을 완전히 껀 다음에 다시 켜고 나서 재검표를 시도하자, 비로소 올바른 숫자가 나왔다. 여기서 우리가 주목해야 하는 것은 투표지 분류기 오류가 단순한 오류가 아니라는 사실이다.

투표지 분류기를 제어하는 어떤 작업이 전원이 나간 이후에 해제되지 않았는가라는 의심이다. 전산장비의 경우 일반적으로 재부팅 이후에는 사전에 설정된 많은 명령어들이 해제된다. 서울 소재 한 대학의 전자물리학과에 재직 중인 K교수는 이렇게 지적한다. "일정한 표뭉치를 여러 번 돌려도 값의 오류가 나오다가 껐다 켜니 정확한 값이 나왔다는 것은 사전에 입력된 설정값이 있다는 명백한 증거입니다."

> 김방현 기자: A씨는 "개표를 다시 해야 한다"고 했고, 부여군 선관위는 A씨의 주장을 수용했다고 한다. 결국 투표용지 415장을 다시 모아 분류기로 재검표했다. A씨는 "이 과정에서 개표사무원이 노트북 컴퓨터를 껐다가 켠 다음 분류기를 작동하는 것 같았다"고 했다.
>
> 재검표 결과 더불어민주당 박수현 후보 159표, 미래통합당 정진석 후보 170표였다. 정 후보가 11표 차이로 앞서는 결과가 나온 것이다.
>
> 이에 대해 부여군 선관위 관계자는 "재검표를 한 것은 맞다"고 인정했다. 하지만 선관위는 "A씨의 주장처럼 1·2위 표차가 많이 나서 재검표를 한 게 아니고 다른 선거사무원이 재확인용 투표용지함(59표)과 바로 옆에 있던 무소속 정연상 후보(3표 득표)의 투표지를 섞어놓은 것을 발견하고 투표용지 전체를 모아 재검표한 것이다"라고 해명했다. 선관위는 또 "재검표를 하기 위해 노트

북 컴퓨터에 있던 옥산면 개표 데이터만 지운 것일 뿐 컴퓨터를 재부팅한 것은 아니다"라고 설명했다.

투표지 분류기와 노트북 컴퓨터를 담당했던 개표사무원은 "A씨가 화를 냈고, 재검표가 이루어진 것은 맞지만, A씨가 왜 화를 냈는지는 기억나지 않는다"고 말했다.

반면 다른 개표사무원 C씨는 "기계(분류기)가 이상해서 재검표한 것으로 알고 있다"고 했다.

셋째, 2번만 많았던 재확인용 표

유독 2번 정진석 후보의 경우에는 재확인용(미분류)으로 처리되는 표들이 많았다. 복수의 개표 참관인들은 사전투표지를 개표할 때 이런 현상이 자주 관찰되어 항의 이후에 다시 분류기를 재가동해서 2번 후보의 표를 찾아왔다. 여기서 주목할 만한 사실은 한 참관인의 증언, "읍·면 단위별로 많게는 30~60장씩 되찾아왔다"는 것이다. 사전투표 조작은 읍·면·동 단위에서 이루어짐을 주목해야 한다. 그러나 선관위 관계자는 절대로 기계에는 문제가 없다고 주장한다.

김방현 기자: 이날 미래통합당 측 또 다른 참관인 D씨도 A씨와 유사한 주장을 했다. 그는 "관내사전선거와 관외사전선거 투표지를 읍·면 단위로 개표했는데 1번 후보의 득표함에 2번 표가 쌓이는 장면을 여러 차례 목격했다"며 "게다가 2번 후보는 유독 재

확인용(미분류)으로 처리되는 경우가 많았다"고 증언했다.

D씨는 "그때마다 항의해서 분류기를 재가동해 2번 후보의 표를 읍·면 단위별로 많게는 30~60장씩 되찾아왔다"며 "이런 현상은 사전투표지를 개표할 때 자주 발생했다"고 했다. 그는 "개표기가 워낙 빨리 작동해 유심히 관찰하지 않으면 개표가 어떻게 진행되는지조차 알기 어렵다"라고도 했다.

〈6-1〉 2020 총선 부여군 개표소, 투표지 분류기 문제 1

사회 : 전국

[단독] "부여개표소 분류기 이상했다" 선관위 "기계 이상없다"

중앙일보 | 입력 2020.05.14 05:00 업데이트 2020.05.14 05:01

김방현 기자 구독

"투표지가 분류기를 통과하면서 이상한 장면을 여러번 봤습니다. 1번 후보 표가 지나치게 많이 나와 재검표를 하면 역전되기도 했어요. 또 2번 후보 표는 유독 많이 재확인용(미분류표)으로 분류됐습니다. 주로 사전투표용지에서 그런 현상이 발생했습니다"

지난 4월15일 충남 부여군 부여읍 유스호스텔에서 개표가 진행되고 있다. 사진 독자제공

출처: 김방현(중앙일보, 대전총국장), 2020.5.14.

이에 부여군 선관위는 "분류기를 다시 돌려 재검표하는 일은 전국적으로 많이 있다. 예를 들어 유권자에 교부된 용지와 실제 투표한 용지 숫자가 맞지 않을 때나 재확인 투표지가 많이 쌓일 경우 분류기를 다시 돌리기도 한다"라고 설명했다.

나중에 경찰 조사로 거짓이 판명된 선관위 관계자 해명은 다음과 같다. 선관위 관계자는 "투표지 분류기를 작동했을 때 1번 후보 득표함에 2번 후보 투표용지가 섞이는 일은 절대 일어날 수가 없으며, 기표가 불분명한 용지는 재확인용으로 분류된다"고 덧붙였다.

이어 선관위는 "분류기를 연습 사용할 때는 투표용지가 깨끗하고 정확하게 기표가 돼 있기 때문에 재확인용으로 분류되는 경우가

1%도 안 된다"며 "그런데 실제 투표용지는 기표 행태가 천차만별이어서 재확인용으로 분류될 확률이 20% 이상 높아지기도 하며 기계에는 이상이 없을 것"이라고도 했다.

넷째, 개표상황표, 찢어버리다

경찰 수사 결과 부여군 선관위 직원의 지시에 따라 선거사무원으로 추정되는 인물이 개표상황표를 찢었다는 사실이 확인된 바가 있다. 왜 개표에서 매우 중요한 개표상황표를 찢었을까? 현장 상황을 가리기 위함이나 호도하기 위함이 아니고서야 개표상황표를 찢을 수는 없는 일이다. 투표지 분류기는 일절 문제가 없다는 주장이나 개표상황표를 찢어버리는 일은 뭔가 숨겨야 할 것이 없다면 일어날 수 없는 일들이다.

> 김방현 기자: 충남 부여경찰서에 따르면 4·15 총선 당시 투표용지를 찢은 혐의(공용서류무효, 공직선거법 위반)로 고발된 충남 부여군 선거관리위원회 관계자 2명은 최근 경찰에서 "오류 출력된 개표상황표를 기술협력요원(민간 지원인력)이 찢고 새로 출력해 오류를 정정한 사실이 있다"고 진술했다.
> 이들은 또 "분류기로 개표 작업을 하던 중 옥산면 지역 투표용지 집계에 오류가 있었다"고 말한 것으로 알려졌다. 이들은 개표 과정에서 서류를 찢은 정황이 확인돼 지난해 12월 24일 김소연 변호사 등으로부터 고발됐다.

〈6-2〉 2020 총선 부여군 개표소, 투표지 분류기 문제 2

[단독] 4·15 총선때 부여서 투표지 분류기 오류 사실로

중앙일보 | 입력 2021.06.15 11:40 업데이트 2021.06.16 10:07

김방현 기자 구독

지난해 4·15 총선 당일 충남 부여지역 개표에 사용된 투표지 분류기에 오류가 있었다는 취지의 진술이 나왔다.

지난 4월15일 충남 부여군 부여읍 유스호스텔에서 개표가 진행되고 있다. 중앙포토

15일 충남 부여경찰서에 따르면 4·15 총선 당시 투표용지 찢은 혐의(공용서류무효, 공직선거법위반)로 고발된 충남 부여군 선거관리위원회 관계자 2명은 최근 경찰에서 "오류 출력된 개표상황표를 기술협력 요원(민간 지원인력)이 찢고 새로 출력해 오류를 정정한 사실이 있다"고 진술했다.

출처: 김방현(중앙일보, 대전총국장), 2021.6.16.

사건은 4·15 총선 당일 충남 부여군 부여유스호스텔에서 진행된 개표 과정에서 발생했다. 옥산면 개표 과정에서 사전선거 투표용지 415장을 투표지 분류기로 분류한 결과 기호 1번 후보로 분류된 득표함에 기호 2번 후보 표가 섞이는 현상이 발생했다. 이에 기호 2번 개표 참관인이 이의를 제기했다.

참관인이 문제를 제기할 당시 출력된 개표상황표가 존재했다. 재분류하고 난 뒤 부여군 선관위 직원이 한 사람에게 손짓하며 해당 서류를 찢으라고 했다. 이에 선거사무원으로 추정되는 사람은 그 자리에서 해당 서류를 찢었다.

이를 놓고 "투표지 분류기 등에 문제가 있었던 것 아니냐"는 의혹이 제기되자 김소연 변호사 등은 개표 당시 CCTV 동영상 등을 확인한 후 부여군 선관위 관계자 3명을 경찰에 고발했다. 당초 부여군 선관위 관계자는 "투표지 분류기를 작동했을 때 1번 후보 득표함에 2번 후보 투표용지가 섞이는 일은 절대 일어날 수가 없으며, 기표가 불분명한 용지는 재확인용으로 분류된다"고 해명했다.

다만 경찰은 지난 7일 개표상황표 훼손에 대해서는 선관위 직원을 무혐의 결정해 검찰에 송치했다. 경찰이 중앙선관위의 유권해석 등을 받아 내린 결론이다. 경찰은 "개표상황표는 개표 현장 책임사무원, 심사·집계부 확인, 선관위원 검열을 거쳐 위원장이 공포해야 효력이 발생한다"며 "단순 오류 출력물인 당시 개표상황표를 찢었다고 해서 공용서류무효죄가 성립되지 않는다"고 설명했다.
이와 관련, 김소연 변호사는 "개표 당시 폐쇄회로TV(CCTV) 영상을 확인해보니 서류 같은 것을 찢은 장면이 나왔다"라며 "분류기를 다시 돌렸더니 수치가 처음 돌렸을 때와 서로 달랐다는 게 경찰 조사에서 나온 것으로 알고 있다"고 했다. 김 변호사는 "투표지 분류기 등을 점검해 완전한 투개표 시스템을 갖출 필요가 있다"고 덧붙였다.

투표지 분류기 오류, 다시 거론

2020년 총선이 끝난 이후에 선거제도의 문제점을 해결하기 위한 그 어떤 변화도 없는 채 2021년 보궐선거, 2022년 대선과 지방선거가 치러졌다. 이들 선거에서도 사전투표 조작 문제는 선거 데이터 분석을 통해 계속해서 반복되고 있는 것으로 확인되었다. 2022년 12월 21일자 《중앙일보》에는 김방현 대전총국장의 "투표지 분류기 오류 논란"이 다시 실렸다. 그는 이 칼럼을 통해 문제가 발생했는데, 그 문제를 해결하려는 어떤 의지도 없는 한국 사회의 각성을 촉구하고 있다.

김방현 기자: 지난 4·15 총선 만큼 논란이 많았던 선거도 드물다. 투개표 과정에 숱한 의혹이 제기됐지만, 2년 10개월이 지나도록 말끔하게 해소되지 않고 있어서다. 그중 하나가 개표 당일 충남 부여 개표소에서 있었던 일이다.

〈6-3〉 2020 총선 부여군 개표소, 투표지 분류기 문제 3

The JoongAng

투표지 분류기 오류 논란

김방현 기자

2020년 4·15 총선만큼 논란이 많았던 선거도 드물다. 투·개표 과정에 숱한 의혹이 제기됐지만, 2년 10개월이 지나도록 말끔하게 해소되지 않고 있어서다. 그중 하나가 개표 당일 충남 부여 개표소에서 있었던 일이다.

부여 개표소에서 옥산면 사전선거 투표지 415장을 투표지 분류기(분류기)로 집계한 결과 후보 간 표가 섞이는 현상이 목격됐다. 선관위가 해당 투표지를 분류기로 다시 집계했더니 후보별 득표수가 달라졌다. 그러자 선거사무원으로 보이는 사람이 누군가의 지시에 따라 먼저 작성한 기록지(개표상황표)를 찢었다.

출처: 김방현(중앙일보, 대전총국장), 2021.6.16.

부여 개표소에서 옥산면 사전선거 투표지 415장을 투표지 분류기(분류기)로 집계한 결과 후보 간 표가 섞이는 현상이 목격됐다. 선관위가 해당 투표지를 분류기로 다시 집계했더니 후보별 득표수가 달라졌다. 그러자 선거사무원으로 보이는 사람이 누군가의 지시에 따라 먼저 작성한 기록지(개표상황표)를 찢었다.

이와 관련, 김소연 변호사는 "개표상황표는 국가기관이 공적 업무 중 작성한 엄연한 공문서(대법원 판례)"라며 선관위 관계자를 공용서류무효, 공직선거법 위반 등 혐의로 2020년 12월 검찰에 고발했다. 이후 무려 2년 만에 이 사건 결론이 나왔다.

대전지검 논산지청은 고발당한 선관위 관계자 2명을 증거불충분을 이유로 최근 불기소처분했다. 불기소처분서에 따르면 검찰은 "피의자들이 권한 없이 공용서류를 파기했다고 단정하기 어렵고, 무언가를 감추기 위해 파쇄한 것으로 보이지 않는다"고 했다. 검찰은 또 "중앙선관위가 개표 과정에서 발생한 미완료 서류를 권한 있는 자가 폐기할 수 있다고 (4·15 총선 1년 뒤에) 판단한 점 등을 고려했다"고 덧붙였다.

이어 검찰은 "현장 폐쇄회로TV(CCTV) 동영상과 관계자 진술에 의하면 개표 당시 무소속 후보 투표지와 재확인 대상 투표지가 섞여 재분류 필요성이 있었던 것으로 보인다"고 했다. 분류기에 오류가 있었음을 사실상 인정한 셈이다.

그렇다면 의문이 생긴다. 재분류해 새로 작성한 개표상황표는 믿을 수 있는 것인지, 1~2차 출력한 것 중 어느 것을 공문서로 인정할 것인지, 분류기로 재분류한다면 몇 회까지 가능한 것인지 등이다. 이런 의문이 해소되지 않으면 개표 절차와 결과를 신뢰하기 어렵다.

투표지 분류기는 노트북 컴퓨터와 일체형으로 초당 5.66장(분당 340장)의 투표지를 처리한다. 분류기는 내장된 프린터로 개표상황표까지 출력하는 능력도 갖췄다. 은행에서 지폐를 세는 장비처럼 단순한 기계는 아니다.

민주주의 근간은 선거다. 선거제도 핵심은 투개표 과정의 정확성이다. 많은 국민은 정확성을 확보하기 위해 분류기를 도입한 것으로 알고 있다. 다음 선거를 치르기 전에 분류기를 포함한 투개표 과정에서 제기된 의문을 해소해야 한다.

2

부여군 선거 결과 분석

나는 4·15 총선 부여군 개표소에 일어난 사건을 단순한 해프닝으로 생각하지 않는다. 현재 한국 공직선거의 문제점은 사전투표 조작, 즉 전산조작에 의한 후보별 득표수 증감이 가장 큰 문제이다. 이를 수행하는 여러 장비 가운데 투표지 분류기가 강한 의심의 대상이 되고 있다. 부여군 개표소 사례는 그런 일들이 어떻게 일어날 수 있는가를 보여주는 빙산의 일각에 지나지 않는다. 검찰, 경찰, 중앙선관위 등은 모두 "별문제가 없었다"고 사건을 덮는 쪽으로 가지만, 나는 그렇게 생각하지 않는다.

어마어마한 사전투표 조작 확인

부여군에서 발각된 투표지 분류기 오류 문제는 그야말로 그곳에서 행해진 사전투표 조작의 규모에 비해서는 새 발의 피에 지나지 않는다. 선거 결과는 정진석(통합당) 후보가 2,624표 차이로 박수현(민주당)을 따돌리고 승리한 것으로 보도되었다.

선거사기범들과 전산조작범들의 선거사기는 어떤 방법을 사용했건 간에 선관위 발표 후보별 득표수에 또렷하게 조작의 범죄 증거물을 남기게 된다. 이를 피할 방법은 없다. 선관위 발표 후보별 득표수에 기초한 차이값(관내사전투표 득표율-당일투표 득표율)을 구해보면, "100% 사전투표 조작과 전산조작이 강행되었다"는 결론을 내릴 수 있다. 공주시-부여군-청양군 사전투표 조작은 '천문학적 조작'이란 표현을 사용해도 결코 과하지 않다.

〈6-4〉 2020 총선(공주·부여·청양군), 차이값(관내사전-당일) 그래프

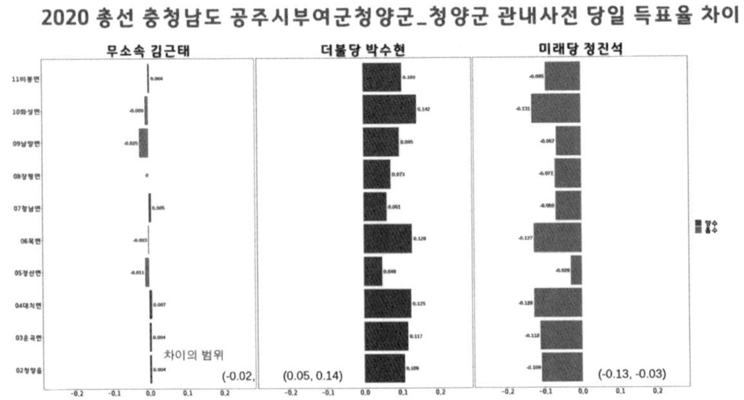

박수현의 차이값은 10개 읍·면에서 모두 플러스 값, 정진석의 차이값은 모두 마이너스 값이다. 좌우대칭의 차이값에서 정진석의 사전투표 득표수 가운데 일정 퍼센트를 훔쳐서 박수현에게 더해주는 전산조작이 있었음을 알 수 있다.

차이값 그래프는 그야말로 천문학적인 크기다. 관내사전투표 득표수를 박수현에게 쑤셔 넣고, 그만큼을 정진석에게서 빼앗지 않고선 가능하지 않은 일을 목격할 수 있다. 박수현의 차이값은 최소 +5%, 최대 +14%이다. 정진석의 차이값은 최소 -3%에서 최대 -13%이다. 이처럼 특정 후보의 사전투표 득표율과 당일투표 득표율이 차이가 날 수 없다. 통계학 대수의 법칙을 정면으로 위반하는 이 같은 일은 관내사전투표 득표수 증감 작업이 이루어졌음을 말해주고 있다. 이것은 99.9% 확률이 아니라 그냥 대규모의 조직적이고 체계적인 사전투표 조작이 일어났다고 결론 지을 수 있다.

개표 참관인들의 주의 깊은 관찰에 따라 발각된 부여군 개표소의 투표지 분류기 오류 문제는 4·15 총선에서 강행되었던 체계적이고 조직적인 사전투표 조작 가운데 발각된 빙산의 일각에 지나지 않는다.

박수현에게 표를 쑤셔 넣다

거듭 강조하지만 사전투표 개표 과정에서 일어나는 후보별 득표수 조작의 핵심은 특정 후보에게서 표를 빼앗은 다음, 이를 당선시키고자 하는 후보에게 표를 쑤셔 넣는 방법이다. 따라서 사전투표 득표수와 당일투표 득표수를 비교해보면 득표수 증감을 쉽게 확인할 수 있다. 조작 상태와 조작 수정 상태에서 후보별 사전:당일 비율을 살펴본다. 각 후보가 당일투표 100장당 사전투표를 몇 표 얻었는지를 비교해본다.

조작이 이루어지기 이전에 박수현의 사전:당일 비율은 1.03이었는데, 조작이 이루어진 이후에 1.21로 증가한다. 다시 말하면 당일투표지 100장당 사전투표 103장을 받았던 박수현이 사전투표 조작이 이루어진 이후에 121장을 받는 일이 일어났다. 반면 정진석은 사전:당일 비율이 조작 이전에는 0.90이었는데, 조작 이후에는 0.78로 줄어든다. 정진석이 받은 사전투표 득표수는 조작 이전에 90장에서 78장으로 줄어들고 만다. 정진석에게서 빼앗은 득표수를 박수현에게 더해준 증거물 가운데 하나라고 할 수 있다.

선거처럼 표본의 수가 큰 경우에는 선관위 발표 후보별 사전:당일 비율은 하단에 있는 것처럼 박수현(1.03)과 정진석(0.90)과 비슷한 비율이어야 한다. 이처럼 선관위 발표 후보별 득표수에서 박수현의

〈6-5〉 2020 총선(공주·부여·청양군), 사전:당일 비율

	박수현	정진석
사전:당일 비율 (선관위 발표 득표수)	1.21	0.78
– 사전투표 득표수	9,348표	8,551표
– 당일투표 득표수	7,722표	10,939표
사전: 당일 비율 (조작 수정 후 득표수)	1.03	0.90
– 사전투표 득표수	8,004표	9,895표
– 당일투표 득표수	7,722표	10,939표

사전:당일 비율이 크게 늘어나고, 정진석은 크게 줄어드는 것은 사전투표 득표수 증감이 일어났기 때문일 것이다.

선거 데이터 분석 결과

부여군 개표소에서 투표지 분류기 문제가 발생했던 곳은 주로 옥산면이었다. 개표상황표를 찢어버렸기 때문에 투표지 분류기가 최초에 어떻게 투표지 숫자를 만들었는지는 정확히 알 수 없다. 여기서 중요한 것은 투표지 분류기 오류라는 말은 사전에 입력된 설정값(조작값)에 따라 후보별 사전투표 득표수를 정해진 규칙에 따라 임의로 만들었을 것이란 점이다. 그러나 우리가 지금 알 수 있는 것은 투표지 분류기 전원을 끈 다음 이를 다시 켜고 재검표를 한 결과이다. 이 결과는 관내사전투표에서 박수현 182표, 정진석 197표이다.

다만 투표지 분류기 제어용 컴퓨터에서 본 양 후보 간 득표수 격차에 대한 증언이 김방현 기자의 보도에 다음과 같이 남아 있다. "A씨에 따르면 후보별 득표수는 제2개함부에 있던 개표사무원(사회복무요원)의 노트북 컴퓨터 화면에 나타났다. 이를 본 A씨는 이상하다고 생각했다. 1번 후보(박수현)가 2번 후보(정진석)보다 지나치게 많은 표를 얻었기 때문이었다. 그는 "노트북 화면에 뜬 득표수는 더불어민주당 박수현 후보(1번)가 180여 표 정도를 얻어 미래통합당 정진석 후보를 100표 가까이 앞섰던 것으로 기억한다"고 말했다.

재야 전문가는 초기에 설정된 어떤 수치(조작값 입력)가 있었을 것으로 추정되는 투표지 분류기가 어떤 숫자를 만들어냈는지를 계산

〈6-6〉 2020 총선(부여군 옥산면), 분류기 오류 vs 분류기 수정

	박수현	정진석
투표지 분류기 오류(가짜) (조작값 설정 가정)	231표	148표
조작값 25%	[illegible]	−49표
투표지 분류기 수정(진짜) (조작값 해체 이후)	182표	197표

해냈다. 물론 이는 추정치임을 염두에 둘 필요가 있다. 4·15 총선에서 충남 전체의 설정값(조작값)은 25%였다. 미래통합당 후보가 받은 사전투표 득표수 100장 가운데 25장을 민주당 후보에게 더해주는 조작이 실행에 옮겨졌다.

〈6-6〉은 재야 전문가의 분석 결과이다. 정진석은 옥산면에서 197표를 받았다. 이는 정상적인 투표지 분류기에서 나온 득표수이다. 투표지 분류기 오류 문제가 개표 참관인에 의해 이의 제기가 있었고, 투표지 분류기의 전원을 껐다가 켠 이후에 투표지 분류기가 내놓은 숫자이다. 197표의 25%는 49.25표이다. 이 값이 조작값으로 투표지 분류기에 설정되어 있었던 것으로 추정된다. 정진석이 받은 사전투표 득표수 가운데 25%를 빼앗은 조작값이 사전에 투표지 분류기에 설정되어 있었을 것으로 추정한다. 조작값에 따라 정진석에게서 득표수를 빼앗고, 같은 수만큼을 박수현에게 더하는 전산상 작업이 투표지 분류기에서 이뤄졌을 가능성이 높다.

이 같은 선거 데이터 분석 결과를 바탕으로 이 분석을 행한 재야 전문가는 투표지 분류기를 이용한 전산조작의 실체에 대해 다음과 같은 추론을 제시한다. 다음의 이야기는 검찰 수사가 이루어지기 이전에는 확정적 사실로 받아들여서는 안 된다. 다만 선거 데이

터 분석을 집중적으로 진행해온 전산 전문가로서 일어났을 법한 일을 사심 없이 기술한 것이다. 전문가 의견으로 주목할 필요가 있다.

"투표지 분류기에서 1차로 정해진 조작값을 설정한 다음 후보별 득표수를 조작히였다고 봅니다. 다음으로 2차 계수 또는 분류기에서 검증할 투표지를 포함해서 3차 각 선관위 메인 서버에 숫자만 입력되는 방식을 사용했을 것으로 봅니다.

현재 상태에서 메인 서버를 포렌식해도 조작 프로그램을 찾을 수 없을 것입니다. 오직 투표지 분류기 제어용 노트북만 있을 것입니다. 노트북을 켜고 끄고 하는 것을 조작값을 지우고 붙이고 하는 방법으로 사용한 것으로 보입니다. 이 키를 갖고 있는 사람들은 그런 사실은 아는지 모르는지 개표장에서 투표지 분류기를 세팅하는 사무요원이며 그 직원이 갖고 다니는 유에스비(USB)에 내장된 프로그램일 가능성이 높습니다. 제 생각은 사무요원들이 갖고 다니는 USB에 가장 의심을 갖고 있습니다.

부여 개표장의 전후 사정을 살펴보면, 사전투표 개수 중에 발생하는 사례이며, 조작값 세팅 전후에 득표수 차이가 나는 것은 자연스런 사례라고 생각합니다. 이 두 가지가 사용된 곳이 부여 개표장 사례라고 봅니다. 제가 추측하건대 전국적으로 비슷한 방법이 사용되었을 것으로 봅니다.

따라서 선거사기범들이나 전산조작범들은 개표장마다 동일한 조작값을 설정하여 득표수 증감을 시도하였을 것입니다. 이처럼 동일한 조작값을 사용해서 쉽고 간단하게 조작 작업을 수행할 수 있기 때문입니다.

정확하게 조작이 어떻게 이루어졌는지를 단정하려면 재검표와 선거인 명부, 전산상의 시간별 로그인 기록들을 전부 조사, 대조해야 할 것입니다."

부여 투표소의 아주 이례적인 현상

한편 전국의 여타 지역과 다른 특별한 현상을 부여 개표소에 확인할 수 있다. 읍·면 단위 가운데 사전투표 조작이 일어나지 않은 곳이 상당수 있다는 점이다. 이는 선거 데이터 분석 결과를 꼼꼼히 살펴본 나로서는 거의 처음 보는 것이다. 예를 들어 전산조작이 이루어진 2017 대선 이후 선거구마다 모든 읍·면·동 단위에서 전산조작에 의한 후보별 득표수 증감이 있었다. 대부분은 민주당은 빼앗는 쪽에 서고, 국민의힘은 빼앗기는 쪽에 섰다. 공주·부여·청양군처럼 읍·면·동 단위에서 전혀 조작하지 않은 곳이 많은 경우는 만나지 못했다.

조작값 25%가 입력되면 모든 읍·면·동 단위에서 동일하게 사전투표 득표수 조작이 이루어지는 것이 정상이다. 그런데 공주시·부여군·청양군 분석 결과에 따르면 17개 면 가운데 읍·면·동 단위에서 정진석의 사전투표 득표수에 손을 대지 않은 곳이 9곳이 된다. 추측하건대 옥산면 투표지 분류기 오류 문제가 부각되면서 투표지 분류기를 이용한 모종의 작업이 원활치 않았던 것으로 판단된다. 모종의 작업이 원활하기 위해서는 조작값 설정이 원활해야 하고, 무엇보다 중요한 것은 사람들이 투표지 분류기를 의심하지 않아야 한다는 점이다.

〈6-7〉 2020 총선(공주·부여·청양군), 조작 상태 vs 조작 수정 상태

선거구명	읍면동명	구분			조작값	더불어민주당 박수현	미래통합당 정진석
					25.0%	- 1.00	-
			더불어민주당 박수현	미래통합당 정진석	미래통합당 정진석	15,726.75	20,834.25
공주시부여군 청양군	합계		17,071	19,490	1,344	15,726	20,834
	거소·선상투표		82	110	-	82	110
	관외사전투표		1,746	1,145	286.25	1,460	1,431
	국외부재자투표		19	3	0.75	18	4
	국외부재자투표(공관)		0	0	-	-	-
	부여읍	계	4,844	5,730		4,349	6,225
	부여읍	관내사전투표	2,382	1,981	496.25	1,887	2,476
	부여읍	선거일투표	2,462	3,749		2,462	3,749
	규암면	계	2,490	2,506		2,285	2,711
	규암면	관내사전투표	1,042	820	205.00	837	1,025
	규암면	선거일투표	1,448	1,686		1,448	1,686
	은산면	계	854	1,241		854	1,241
	은산면	관내사전투표	466	612	-	466	612
	은산면	선거일투표	388	629		388	629
	외산면	계	603	754		603	754
	외산면	관내사전투표	361	408	-	361	408
	외산면	선거일투표	242	346		242	346
	내산면	계	382	517		382	517
	내산면	관내사전투표	184	263	-	184	263
	내산면	선거일투표	198	254		198	254
	구룡면	계	667	606		610	664
	구룡면	관내사전투표	356	230	57.50	299	288
	구룡면	선거일투표	311	376		311	376
	홍산면	계	740	903		624	1,020
	홍산면	관내사전투표	449	466	116.50	333	583
	홍산면	선거일투표	291	437		291	437
	옥산면	계	356	432		356	432
	옥산면	관내사전투표	182	197	-	182	197
	옥산면	선거일투표	174	235		174	235

그런데 잘못 계수된 투표지 뭉치를 다시 투표지 분류기에 넣어 돌리는 일이 그곳에서 일어났다. 개표 참관인들이 큰 소리로 항의하는 일들이 일어났기 때문에 개표장 내에 분위기가 심상치 않았을 것으

로 본다. '어이쿠, 큰일 나겠다'고 판단한 관련자들이 성급하게 투표지 분류기를 끄고 다시 시작하는 경우도 많았을 것으로 보인다.

그 결과가 바로 〈6-7〉에 보이는 정진석 사전투표 득표수를 훔치지 않은 은산면, 내산면, 외산면, 옥산면 등이다. 특히 옥산면은 개표 참관인의 강한 항의가 있고 나서 기존의 투표지 분류기로 계수된 개표상황표까지 찢어버리는 일이 일어났고, 다시 투표지 분류기를 돌렸기 때문에 정상적인 후보별 득표수가 나오게 되었다.

왼쪽이 중앙선관위 발표 후보별 득표수, 중앙이 정진석 사전투표 득표수에서 25%를 훔친 득표수, 오른쪽이 진짜 득표수이다. 진짜 득표수는 선관위 발표 후보별 득표수에서 조작된 득표수를 제거한 이후의 추정치다.

예를 들어 부여읍에서 선관위 발표 후보별 관내사전투표 득표수는 박수현 2,382표, 정진석 1,981표이다. 이 득표수는 모두 가짜 득표수이자 조작된 득표수이다. 선관위 발표 득표수에는 정진석에게서 빼앗은 관내사전투표 득표수 496.25표가 포함되어 있다. 따라서 박수현의 진짜 득표수는 -496.25표인 1,887표이다. 정진석의 진짜 득표수는 +496.25표인 2,476표이다.

정진석이 빼앗긴 득표수는 1,344표이다. 빼앗긴 득표수만큼 박수현에게 더해졌기 때문에 조작된 득표수 합은 2,688표이다. 이렇게 표를 훔치고 더했음에도 불구하고 박수현은 2,624표 차이로 정진석에게 패배하고 말았다. 사전투표 조작이 성공했다면 간발의 차이로 박수현이 금배지를 달았을 것이다.

김방현 기자가 전하는 다음의 공주·부여·청량군 선거 결과는 매우 시사적이다. 읍·면·동 단위에서 박수현과 정진석이 이긴 곳이

뒤섞여 있다. 전산조작이 성공했다면 정진석은 결코 당선될 수가 없었다.

> "한편 중앙선거관리위원회 자료에 따르면 공주·청양·부여 지역 사전투표 결과, 부여에서는 16개 읍·면 가운데 정진석 후보는 11곳에서, 박수현 후보는 5곳에서 이겼다. 반면 공주 12개 읍·면·동에서는 박수현 후보가 12곳, 정진석 후보가 4곳에서 승리했다.
>
> 청양군 10개 읍·면에선 박수현 후보가 6곳, 정진석 후보는 4곳에서 앞섰다. 개표를 종합한 결과 정진석 후보가 박수현 후보를 2624표 차이로 누르고 당선됐다."

전산조작이 행해진 전국의 대부분 선거구에서는 모든 읍·면·동 단위는 물론이고 산하의 투표소에서 민주당은 사전투표에 전승, 미래통합당은 전패하였다. 그런데 유독 공주·부여·청량군에서만 민주당과 미래통합당의 사전투표 승률이 섞여 있음을 확인할 수 있다. 개표일 날 투표지 분류기 오류 문제로 투표지 분류기를 이용한 사전투표 조작이 원활하게 이루어지지 않았음을 짐작할 수 있다.

한편 3·9 대선은 의미 있는 정보를 제공한다. 강원도 동해시와 경상북도 경주시를 비롯한 9개 선거구의 관내사전투표에서 조작과 관련된 어떤 흔적도 찾을 수 없다. 또한 6·1 지방선거에서도 주목할 만한 일이 있었다. 경상북도 도지사 선거에서 관외사전투표(우편투표)에서는 상당한 규모의 조작이 있었지만, 관내사전투표 조작의 흔적은 찾기 힘들다. 그 밖에 울산교육감 선거에서 일부 선거구의 경우 관내사전투표 조작의 흔적을 찾을 수 없다. 여기서 의심하게 되는 것은 관내사전투표에 손을 대는 경우 현장 관계자들의 협조와 개입이 있어야 가능한 일이 아닌가라는 것이다. 전산조작을 위해 동원되는 여러 전산 장비들이 있을 것이다. 이들 가운데서 특히 투표지 분류기에 의심의 눈초리를 보내지 않을 수 없는 이유는 충분하다.

에필로그

은폐, 침묵, 무관심의 비용, 측량할 수 없을 것!

"한국은 아마 힘들 듯합니다. 악의 뿌리가 너무 깊이 박혀 있는 상태입니다. 이것을 바로잡으려면 국민들, 특히 젊은이들이 일어나야 하는데, 저는 거의 불가능하다고 봅니다. 정치하는 인간들도 국민들이 대들지 못할 것을 계산하고 있을 겁니다. 참 딱한 노릇입니다."

며칠 전 실시간 방송을 보고 파필론2(papillon2) 님이 남긴 의견이다. 이런 의견에 동의하는 분들도 있을 것이고 그렇지 않은 분들도 있을 것이다. 그럼에도 불구하고 어느 나라건 어려움에 처한 사회를 바꾸는 계기는 젊은 사람들의 불의와 불법에 대한 분노와 항거다. 우리 현대사에서도 이를 통해 한국호의 진로가 바뀌지 않았는가! 그러나 세상의 모든 것이 세월의 흐름과 함께 변하듯이 우리 한국인들도 알게 모르게 참으로 많은 것이 변했다.

이따금 꼰대라는 표현으로 조롱의 대상이 되기도 하지만, 나이가 든 세대들 가운데 대다수는 가난을 직접 겪었고, 독재를 체험했기 때문에 진정한 의미의 자유민주주의가 붕괴될 때 얼마나 큰 비용을 치르는지를 안다. 그래서 그들은 공직선거의 선거사기 문제를 예사로운 문제로 보지 않는다. 어쩌면 우리 사회에 반복적인 선거사기로 나라가 이상한 곳으로 흘러가는 것을 진정으로 안타까워하는 사람들은 나이가 든 세대들이 대부분을 차지하고 있다는 생각을 하게 된다.

어려워지더라도 정치꾼 탓만 하지 말아야

《도둑놈들》 시리즈가 이제 4권째다. 판매 추이를 보면서 그동안 가져왔던 생각처럼 '한국 사회가 문제를 스스로 해결하고 정상 궤도로 복귀하는 일이 쉽지 않겠구나'라는 생각을 다시 확인하게 된다. 한국 사회의 대다수는 그냥 자기 것 외에는 도통 관심이 없다. 내 재산, 내 일, 내 먹거리, 내 취미 등에만 온통 관심이 집중되어 있는 것 같다. 난방비가 폭등하고, 전세금을 뜯기는 사람들이 늘어나고, 집값이 폭등과 폭락을 거듭하고, 돌아서면 조세와 준조세 부담이 늘어나고, 상식으로 납득할 수 없는 악법들이 국회를 통과하더라도 그 모든 문제의 뿌리에 선거가 무너진 것이 있다는 것을 도무지 보려고 하지 않는다.

자신의 참정권이 무너지게 되면 어떤 고통과 비용을 치르게 될지, 그리고 그런 나라가 어떤 지경까지 도달할지 누구도 신경을 쓰지 않는 사회가 되어버렸다. 체제가 변질되고 친중을 넘어서 굴종적인 나라가 되더라도 내 밥그릇 외에는 관심들이 없다. 이렇게 한국인들이 변해버린 것이다. 원래는 그렇지 않았었는데 말이다. 그럼에도 불구하고 누군가는 사실과 진실을 이야기해야 하기에 4·15 총선에 관한 책을 내놓게 되었다.

139건 선거무효소송 가운데 95.2%, 방치된 상태

4·15 총선은 역대 공직선거 가운데서도 가장 심하게 사전투표에 손을 댄 선거였다. 그런 조작 작업들은 선거사기범들과 전산조작범들이 남긴 선거 데이터에 고스란히 증거물을 남겼다. 4·15 총선이 얼마나 엉망진창이었는지를 살펴보자. 2016년 20대 총선에서 선거무효소송은 13건뿐이었다. 2020년 21대 총선에서 선거무효소송은 253개 선거구 가운데서 무려 139건이었다. 소송 건수가 11배로 늘어났고, 선거구 가운데 약 55%에서 선거소송이 제기되었다. 이들 소송 가운데서 중간에 포기한 소송 건수 13건을 제외한 126건 가운데서 재검표가 완료된 곳이 6개 선거구에 불과하다. 완료율은 4.8%에 지나지 않는다.

선거가 끝난 이후에 증거물 확보를 일절 거부한 선관위나, 관련 고발 사건을 깔아뭉개 버리는 검찰의 움직임은 실망 그 자체였다. 재검표의 진실을 막기 위한 선관위 관계자들과 조재연, 천대엽, 이동원, 민유숙 등 대법관들의 행동을 보면서 병이 깊어도 너무 깊은 나라가 되었구나라는 생각을 하지 않을 수 없었다.

2020년 4·15 총선이 끝나고 이제 2024년 4·3 총선을 앞둔 지금 시점에서 95.2%가 재검표조차 진행되지 않았다. 선거관리가 무너진 것은 물론이고 대한민국은 선거에 관한 한 아수라장과 같은 곳이 되었다.

상상할 수 없는 일들의 연속

인간이 상상할 수 없을 정도로 온갖 부정선거 수단들이 동원되었다. 실물 위조투표지 투입, 전산조작에 의한 사전투표 득표수 조작, 재검표를 위한 투표지 통갈이 등 상상의 범위를 넘어서는 불법과 부정이 자행되더라도 이를 해결해야 하는 공적기관의 공직자들은 먼 산 쳐다보듯이 다들 외면한다.

4·15 총선에 대한 일부 재검표 현장에서는 빳빳한 투표지, 본드 묻은 사전투표지, 좌우 여백이 다른 투표지, 상하 여백이 다른 투표지, 배춧잎 사전투표지 등 기상천외한 투표지들이 대거 쏟아져 나왔다. 선거를 주무른 사람들은 개표가 끝난 상태의 투표함을 그대로 법원에 제출할 수 없었을 것이다. 왜냐하면 사전에 짠 시나리오에 따라 전산조작으로 발표한 후보별 득표수와 실제로 투표함 속의 후보별 득표수가 다를 수밖에 없었을 것이다. 그래서 그들은 투표함 속의 투표지를 선관위 발표 후보별 득표수에 맞추어서 사전투표지, 당일투표지를 가리지 않고 전부 갈았을 것으로 보인다.

이 같은 무법천지에서나 있을 법한 일들이 일어났음에도 불구하고 사람들은 마치 아무 일도 일어나지 않은 것처럼 행동한다. 어떤 사람들은 한술 더 떠서 “요즘 세상에 부정선거가 어디 있는가?”라고 삿대질한다. 증거를 뻔히 보고서도 눈을 감아버린다. 검찰, 감사원, 대법원, 정당, 법무장관, 대통령 등 나라의 녹을 먹고 사는 사람들 가운데 자기 역할을 제대로 하는 이가 단 한 사람도 없는 지경이 되었다.

이러고도 나라가 잘 굴러갈 것으로 착각하는 사람들이 이 사회의 다수를 차지하고 있는 실정이다. 나는 이런 불법과 불의를 깔아뭉개고도 온전한 사회를 유지하는 일은 불가능할 것으로 전망한다. 사실과 진실을 깔아뭉개 대가를 크게 치를 즈음에서야 '그때 그 사람이 그렇게 경고하던 것이 일리가 있었구나'라고 후회하게 될 것으로 본다.

4·15 총선에서 일어난 선거사기 작업을 낱낱이 파헤친 이 책을 보고 한 사람이라도 깨어나길 바라는 마음 간절하다. 그리고 자식들에게 최소한 대한조작국을 물려주지 않아야겠다고 굳게 결심하고 행동하는 사람들이 나오길 바랄 뿐이다.

국민의힘 당대표 경선의 시사점

끝으로 이 책을 내놓기 전에 2023년 3·8 국민의힘 당대표 경선이 마무리되었다. 당대표 경선이 가진 의미와 시사점을 간과하는 분들도 많지만, 나는 이 건을 무척 중요하게 본다. 윤심의 표출, 대통령실의 석연치 않은 개입, 특정 후보 주저앉히기, 사회시민수석실의 선거운동 등이 이어졌다. 이어서 주목할 만한 일 가운데 하나가 당내외의 우려와 반대에도 불구하고 정진석 비대위원장은 결국 그 문제 많고 많은 중앙선관위에 경선 관리를 맡겼다. 이어서 후보들은 일절 경선 결과에 이의를 제기할 수 없는 서약서를 제출케 하였다. 선거에 포함되는 검증(audit) 자체를 금기시하는 기이한 일들이 계속되었다.

중앙선관위와 당 선관위는 실시간 로그 기록 참관을 거부하였고, 핸드폰 기기 인증도 거부했다. 후보 캠프 차원의 실시간 투표율을 방송하는 것도 내리라고 강하게 압박을 가하였다. 이 모든 요구들은 법적 근거가 없는 일이다. 왜냐하면 선거 자체에 검증이 포함되기 때문이다.

마침내 더욱더 희한한 일들이 일어났다. 참관인들이 실시간 촬영한 영상을 기초로 작성한 5초마다 모바일 투표 투표자수 증가에 특별한 규칙과 패턴이 발견되었다. 더 희한한 일은 이번에는 후보별 모바일 투표 득표율과 ARS 투표 득표율조차 발표하지 않고 구렁이 담 넘어가듯이 넘어갔다는 것이다. 뭘 그렇게 숨겨야 할 것이 많은지 고개를 갸우뚱하게 된다. 검증할 수 없는 선거가 일상적인 일이 되었다.

이제 여당, 야당, 선관위, 현직 대통령이 선거에 관한 한 한 식구처럼 보인다. 아리스토텔레스의 표현을 빌리자면, '이익의 친구'처럼 여겨진다. 국힘당 당대표 경선은 정치인들에게서 선거 공정성 문제의 해결을 기대하기가 상당히 어려워졌음을 뜻한다. 시민들에겐 묵직한 또 다른 차원의 과제가 주어진 셈이다.

부록: 자료목록

제5장 사전투표 조작과 8개 선거구

제6장 어떻게 조작했나

도둑놈들 4

1판 1쇄 인쇄 2023년 3월 22일
1판 1쇄 발행 2023년 3월 30일

지은이 공병호

펴낸이 공병호
펴낸곳 공병호연구소

주소 서울시 강서구 강서로 532 상가 B1
출판신고번호 제2018-000118호
신고연월일 2018년 7월 11일
전화 02-3664-3457 / 010-9004-0453
이메일 info@gong.co.kr
홈페이지 www.gong.co.kr

ISBN 979-11-981983-2-7 (04340)
세트 979-11-965092-8-6 (04340)

책값은 뒤표지에 있습니다.
잘못 만들어진 책은 구입하신 서점에서 교환해 드립니다.

판매·공급
전화 031-927-9279
팩스 02-2179-8103